股市有风险 入市



# 精准狙击

## 股价稳定态理论与应用

上官炜栋◎著

经济管理出版社
ECONOMY & MANAGEMENT PUBLISHING HOUSE

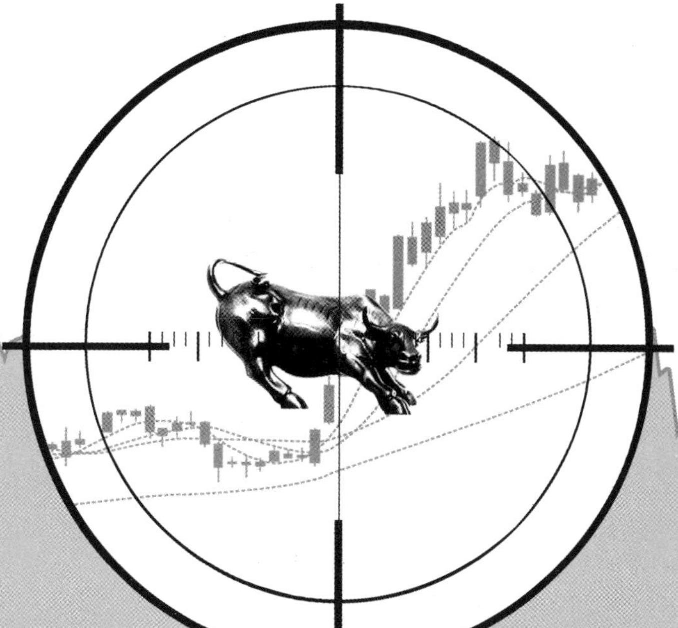

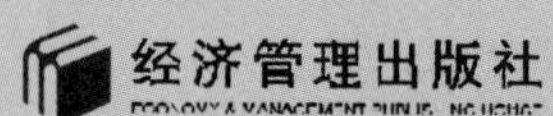

**图书在版编目（CIP）数据**

精准狙击：股价稳定态理论与应用/上官炜栋著. —北京：经济管理出版社，2015.4
ISBN 978-7-5096-3647-3

Ⅰ. ①精… Ⅱ. ①上… Ⅲ. ①股票价格—研究—中国 Ⅳ. ①F832.51

中国版本图书馆 CIP 数据核字（2015）第 047795 号

组稿编辑：勇 生
责任编辑：勇 生 胡 茜
责任印制：黄章平
责任校对：赵天宇

出版发行：经济管理出版社
(北京市海淀区北蜂窝 8 号中雅大厦 A 座 11 层 100038)
网 址：www. E-mp. com. cn
电 话：(010) 51915602
印 刷：三河市延风印装厂
经 销：新华书店
开 本：720mm×1000mm/16
印 张：10.5
字 数：171 千字
版 次：2015 年 5 月第 1 版 2015 年 5 月第 1 次印刷
书 号：ISBN 978-7-5096-3647-3
定 价：38.00 元

# 序

编写本书的念头可追溯到我读大学期间，由于兴趣转移等原因，在读大学时，我荒废了主修专业，把自己整日关在图书馆里，苦读从亚当·斯密的《国富论》到最新的美国哈佛大学MBA系列教程在内的经济书籍，当时就有把各书中关于证券投资理论整合在一起的念头。本书是我20多年证券投资的心得与30余年人生感悟的总结。初稿完成于2008年，但因多种原因一直未能面市。这未尝不是件好事，如该书早几年出版，内容及深度一定逊色不少。

本人一直这么认为，真正好的股票书籍应当满足以下几个条件：

第一，内容应集理念、理论、应用于一体；

第二，通俗易懂，能满足各类证券投资群体；

第三，基于实践，具有较强的实践指导意义。

经过1996~2001年、2005~2007年两轮大牛市后，有关证券类书籍用汗牛充栋来形容也不算夸张，可是能满足以上几个条件的书却少之又少。

本书内容通俗易懂，没有深奥的语句和晦涩的专业术语，不存在大的阅读障碍。本书图文并茂，任何人都可看懂应用部分章节。本书介绍的股票理论源自古老的道家思想，更符合东方人的思维方式与习惯。本书集认识、理念、理论、应用、技巧于一身，准备参与股票投资的读者可看认识、理念部分的内容，以树立正确的投资理念；已参与股票投资的读者可看理论、应用部分的内容，以提高自己的投资交易水平。

写书是高强度的脑力劳作，茶饭食之无味是常事，有时做梦都是书的内容。几个月下来，本人早已身心俱疲。大家看到的本书内容，只是本人正在写作的有关股票系列书籍中的部分内容，而稳定区间变化、股价稳定理论与股市谚语、投资者常见理解与认识误区、股价稳定理论与其他股市理论关系等内容择机出版。

与当前其他股票理论相比，本书介绍的新股票理论优势是不言而喻、毋庸置疑的，即使用《老子》中“几于道”的评价，亦不为过。老子曰“道可道，非常道”，俚语云“股市无常师”。我首度提出的新理论与系统分析方法，也难免有些不足，不尽如人意之处，欢迎同道中人提出宝贵意见，共同来破解股市更多的玄机与奥妙。

感谢所有为本书出版而付出努力的人员。感谢所有关心本书出版，并为此提供无私帮助的人们。感谢关心本书的同行与读者。祝愿你们在新的大牛市中获得丰收。

此致！

上官炜栋

2014 年 12 月 18 日

# 致读者

股价稳定态理论是本人基于对股价再认识的基础上，将自己对政策和数字无与伦比的敏锐性，与中国传统文化、人们的社会心态相结合，导入博弈理念、统计学原理、概率分析方法、道家阴阳易变思维方式，创建的一种面向股价运动的全新的股票理论体系。

股价稳定态理论集认识、理论、投资理念、应用技巧于一身。理论来自于股票二级市场交易实践，并可应用和指导人们的日常实践。因此，与其他股市理论相比，本理论具有更强的应用针对性和实战技巧性。实践证明，本理论能够解决投资者在交易过程中遇到的包括最佳买卖点、逃顶、估算涨跌空间、除权等在内的各种难题。此外，本理论不仅可以应用于股票市场，而且可广泛应用于期货、外汇、债券等其他金融市场。

任何投资技巧都只是“术”，认识、理念才是“道”。世间事物，只可以“道”御“术”，切不可以“术”制“道”。如果投资者盲目追求投资技巧之类的旁“术”，而不走树立正确投资理念的正“道”，那么，即使能量再强、力量再大，最终也难逃毁灭的下场。昔日的君安证券、德隆国际就是前车之鉴。股价稳定态理论集认识、理论、投资理念、应用技巧于一身，其中认识、理论才是“本”，投资技巧只是“末”。读者切不可置认识、理念于不顾，而单纯追逐本书介绍的各类应用技巧。这样舍本逐末的做法，必定不可能成功，甚至会适得其反。

股票市场 2007 年“七亏二平一赢”现象再现再度表明，股票市场永远是个少数人从事的游戏，这也注定了本书只是供少数人看的书。本书在对股市某些方面的认识彻底颠覆了现有股票理论的观点，这对那些具有强烈思维惯性的人来说，并不适合阅读。最适合看该书的，或许是 17~21 岁这一年龄段的人群，因为他们尚未形成思维定式，具有接受新鲜事物的能力和求知的动力；可糟糕的是，他们几乎没有任何投资经验。

世上有些事，原来没有，从事或需求的人多了，自然就有了。古代的市场、当今的发廊，产生的根本原因莫过于此。所以鲁迅说，“世上本无路，走的人多了，也便成了路”。这世上不可能有什么“长生药”、“必杀技”之类的东西，相信、需求的人多了，便迟早会出现。以秦始皇、唐太宗之英明，尚不能免，何况常人乎？本人曾将该书命名为“金融必杀技”，如能早日断绝某些人对“金融必杀技”之类的非分之念，亦不可乎?！亦不善乎!?

# 目录

# 第一章　股票分析从准确步入精准

我们当前进行的股票分析，只是对股价后市走势做涨跌方向性的简单判断，这只是一种准确定性分析。如果在准确判断股价走势方向的前提下，还能估算出股价走势的目标价位和到达目标价位的时间，这就是本书提出的股市精准分析。

股市从准确分析步入更高层次的精准分析，是股票市场不断发展演变的必然趋势，而股指期货的出现，则加速了这一进程。

我们通常所进行的股票分析，只是对股价后市走势做出是涨或跌的方向性判断，对这种分析只要求判断准确即可。如果在准确判断股价走势方向的前提下，还能估算出股价走势的目标价位和到达目标价位的时间，这就是股市分析的精准要求。

准确和精准仅一字之差，但对股市分析来说，则有天壤之别。股市从准确分析步入更高层次的精准分析，是股票市场不断发展演变的必然趋势，而股指期货的出现，则加速了这一进程。

## 一、期指时代对股票分析提出精准要求

在期指时代，由于股指期货合约续存期短等原因，原有只能简单准确判断出股价中长期走势方向的分析方法，显然已无法满足当前股指期货快速、高频的交易要求。只有在准确判断出股价中长期走势方向的前提下，进一步提高分析的精度，才能满足高频率、快节奏的股指期货交易要求。

## （一）股指期货推出，中国已进入期指时代

2010 年 4 月 16 日，中国股指期货 IF1005、IF1006、IF1009、IF1012 四个合约正式在中国金融交易所挂牌交易，标志着中国股市正式步入期指时代。与股指期货同步推出的还有融资融券业务。

| | 代码 | 名称 | 涨幅% | 现价 | 买价 | 卖价 | 现量 | 涨速% | 买量 | 卖量 | 涨跌 | 总量 | 总金额 | 持仓量 | 仓差 | 结算 | 溢价 | 沉淀资金 | 资金流向 |
|---|---|---|---|---|---|---|---|---|---|---|---|---|---|---|---|---|---|---|---|
| 1 | IF1410 | 沪深1410 | 0.78 | 2455.0 | 2455.0 | 2455.2 | | | 3 | 19 | 19.0 | 762348 | 5596亿 | 63703 | -27973 | 2456.6 | | 37.53亿 | -16.86亿 |
| 2 | IF1411 | 沪深1411 | 0.73 | 2458.8 | 2458.8 | 2459.0 | 5 | | 20 | 18 | 17.8 | 215268 | 1583亿 | 53144 | 20822 | 2459.6 | | 31.36亿 | 12.43亿 |
| 3 | IF1412 | 沪深1412 | 0.70 | 2464.0 | 2464.4 | 2464.6 | 2 | -0.03 | 1 | 1 | 17.2 | 41811 | 308.1亿 | 38710 | -542 | 2465.0 | | 22.89亿 | -1585万 |
| 4 | IF1503 | 沪深1503 | 0.67 | 2482.2 | 2482.2 | 2482.6 | 1 | -0.02 | 1 | 1 | 16.4 | 3713 | 27.6亿 | 8808 | 281 | 2483.2 | | 5.25亿 | 2010万 |
| 5 | IFL0 | 当月连续 | 0.78 | 2455.0 | 2455.0 | 2455.2 | | | 3 | 19 | 19.0 | 762348 | 5596亿 | 63703 | -27973 | 2456.6 | | 37.53亿 | -16.06亿 |
| 6 | IFL1 | 下月连续 | 0.73 | 2458.8 | 2458.8 | 2459.0 | 5 | | 20 | 18 | 17.8 | 215268 | 1583亿 | 53144 | 20822 | 2459.6 | | 31.36亿 | 12.43亿 |
| 7 | IFL2 | 下季连续 | 0.70 | 2464.0 | 2464.4 | 2464.6 | 2 | -0.03 | 1 | 1 | 17.2 | 41811 | 308.1亿 | 38710 | -542 | 2465.0 | | 22.89亿 | -1585万 |
| 8 | IFL3 | 隔季连续 | 0.67 | 2482.2 | 2482.2 | 2482.6 | 1 | -0.02 | 1 | 1 | 16.4 | 3713 | 27.6亿 | 8808 | 281 | 2483.2 | | 5.25亿 | 2010万 |
| 9 | IFL8 | 沪深主力 | 0.78 | 2455.0 | 2455.0 | 2455.2 | | | 3 | 19 | 19.0 | 762348 | 5596亿 | 63703 | -27973 | 2456.6 | | 37.53亿 | -16.86亿 |
| 10 | IFL9 | 沪深加权 | 0.78 | 2459.8 | 2460.0 | 2460.2 | 7 | | 25 | 39 | 19.0 | 102.3万 | 7515亿 | 164365 | -7412 | 0.0 | | 97.03亿 | -3.59亿 |
| 11 | TF1412 | 国债1412 | 0.09 | 95.290 | 95.290 | 95.314 | 2 | -0.01 | 5 | 1 | 0.088 | 4620 | 44.1亿 | 10459 | -78 | 95.296 | | 1.99亿 | -130.1万 |
| 12 | TF1503 | 国债1503 | 0.17 | 95.702 | 95.700 | 95.720 | 1 | -0.01 | 1 | 4 | 0.160 | 224 | 2.15亿 | 418 | 75 | 95.706 | | 800.1万 | 144.7万 |
| 13 | TF1506 | 国债1506 | 0.15 | 95.892 | 95.870 | 95.940 | 1 | | 1 | 1 | 0.144 | 20 | 1920万 | 89 | 5 | 95.880 | | 170.7万 | 9.8万 |
| 14 | TFL8 | 国债主力 | 0.09 | 95.290 | 95.290 | 95.314 | 2 | -0.01 | 5 | 1 | 0.088 | 4620 | 44.1亿 | 10459 | -78 | 95.296 | | 1.99亿 | -130.1万 |
| 15 | TFL9 | 国债加权 | 0.10 | 95.311 | 95.310 | 95.335 | 2 | -0.01 | 7 | 6 | 0.094 | 4864 | 46.4亿 | 10966 | 2 | 0.000 | | 2.09亿 | 24.4万 |

分类▲ A股 中小 创业 B股 权证 基金 ETF基金 自选 板块▲ 自定▲ 概念▲ AH对照 港股▲ 期货▲ 其它品种▲

**图 1-1　2014 年 12 月中金所挂牌合约**

如图 1-1 所示，我国股指期货以沪深 300 指数为标的；采用近月合约与季月合约相结合的方式，在半年左右的时间内共有四个合约同时交易，具有长短兼济、相对集中的效果；在每月的第三个周五交割。

股指期货和融资融券业务的推出，彻底改变了股市的运行和盈利模式。投资者不仅可买入股票做多赚钱，也可以通过融券做空赚钱，甚至可利用股市期市两个市场的差异进行套利交易，中国股市从此成为一个双向市场。

## （二）股指期货，对股票分析提出精确要求

股指期货对股票分析提出精确要求，这是由股指期货的高杠杆与合约的续存期限等特征决定的。

股指期货合约每点价值高达 300 元，很小的指数波动，对股指期货合约持仓资产都会产生很大的影响。2014 年 12 月，股指期货主力合约 IF1412 一直在 3500 点附近做宽幅震荡，平均每天波动超过 100 点，波动幅度高达 3%；这个波动幅度并不算大。但对股指期货投资者来说，持有的每手合约资产波动已超过 3 万元，相对于每手约 10 万元保证金来说，波动幅度近 30%。这个数字已超过很多知名基金的年收益。由于股指期货高杠杆的存在，即使是日常的波动，都会给投资者带来很大的损失或收益。因此，在股指期货时代，投资者必须找到一种高准确、高精度的分析方法，才能有效地规避市场风险，提高投资收益。

此外，与可无限期交易的股票相比，股指期货合约的续存期限非常短，最长的季月合约只有 9 个月，而非季月合约只有短短的 3 个月。一旦到期，股指期货合约就必须无条件地进行交割清算。这给已习惯做中长期趋势的投资者带来很大挑战。因为即使投资者成功判断出股市走势的方向和目标，但没能就指数到达目标点位的具体时间做出准确判断，依然可能导致巨大损失。

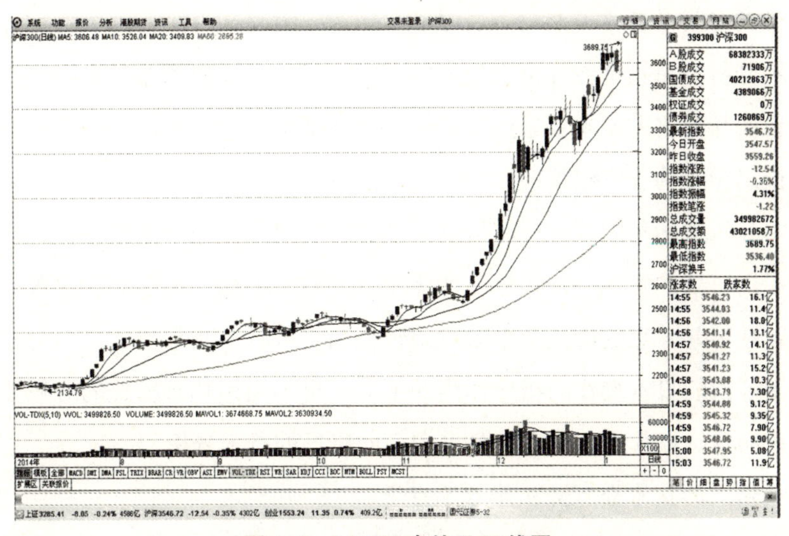

**图 1–2　IF1501 合约日 K 线图**

如图 1-2 所示，IF1501 在 2015 年 1 月 16 日交割。假如某投资者看好后市，并于 2015 年 1 月 5 日果断在 3760 点买入 IF1501 合约，假如该合约在 2015 年 1 月 16 日以 3500 点交割，该投资者每手 IF1501 合约损失近 78000 元。即使股指期货 IF1502、IF1503 等合约涨至 4000 点，也与该投资者没有任何关系。

因此，在股指期货和融资融券业务的新时代，市场对股票分析提出了更高的要求，不仅要能准确判断股价走势的方向，而且有很多时候要求能对股价走势的目标和到达目标价位的时间做出精确判断。

## 二、时代呼唤股票精准分析的新利器

当前，投资者广泛使用技术分析和基本分析研究股票，部分投资者还使用 20 世纪 90 年代兴起的心理分析方法来进行分析研究，但这三种股票分析手段，并无法满足精准分析的要求。

### （一）现有股票分析手段无法做到精准分析

1. 远离市场的基本分析时效性很差

基本分析就是指证券投资者根据经济学、金融学、投资学等基本原理，对决定证券价值与价格的基本要素进行分析，评估证券的投资价值，判断证券的合理价位，提出相应的投资建议的一种分析方法。

基本分析采用对股票进行间接性估值的方式研究股票的价格走向，研究对象主要是远离市场的宏观经济指标、产业发展前景、上市公司财务状况等。基本分析的时效性很差，它的研究结果对股票长远期走势具有指导意义，但对股价的中短期波动与人们日常操作的指导作用并不大，更不用说达到精准的分析要求。其实，在人们日常操作中，更多的是采用面向市场的技术分析。

2. 被动式的技术分析必然落后于市场

技术分析是根据股票历史交易价格和成交量的变化关系，主要是趋势和形态，依此来预测未来股价走势。通过股票的量价变化情况，可以计算出许多技术指标，如 MACD、KDJ、DMI 指标等，能够辅助投资者做更深入的分析。知名的技术分析理论包括道琼斯理论、波浪理论和江恩理论。技术分析理论由于它的简单易懂，受到大量股民的欢迎。

但由于技术分析对象是二级市场的历史数据，技术指标与技术公式过于机械，这决定了分析结果容易受到错误数据或偶发事件的严重误导，甚至得出错误的结论。因此，技术分析同样也无法满足股市精准分析这一时代要求。

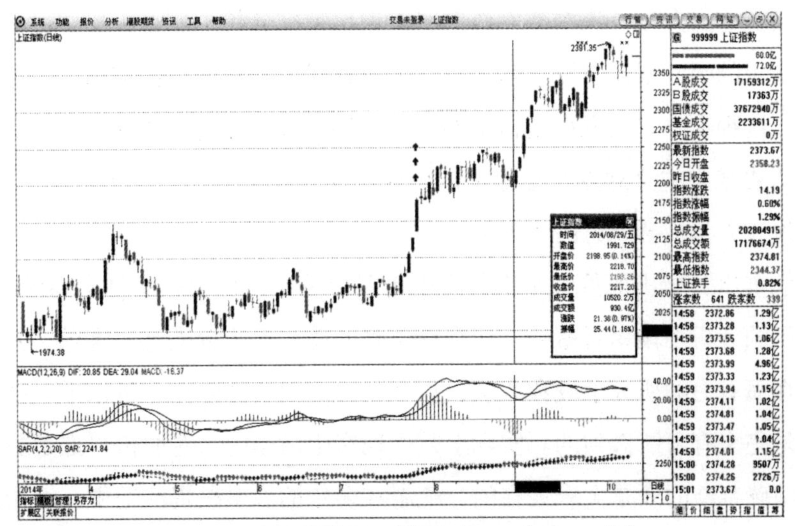


图 1-3　上证指数日 K 线图（2014 年 1~10 月）

如图 1-3 所示，上证指数在 2014 年 8 月 29 日调整结束，并发力再度上攻。但无论是 MACD 还是 SAR 技术指标，都在 4 个交易日之后才发出走强提示，而此时上证指数已上涨超过 100 点。滞后的技术分析与指标并无法满足投资者及时、精准分析的要求。

3. 心理分析方法实际应用作用不强

心理分析理论是基于投资者行为规律，预测股价未来走势。投资者心理因素对市场走势的影响受到许多知名人士的重视，如凯恩斯就是每天花半小时时间思考大众投资者下一步将采取的行动，从而在股票市场中获取超额收益。心理分析理论有助于帮助我们更加深入地理解股票市场，如人类特殊的群体行为规律导致股票市场存在严重的正反馈效应，从而导致市场存在牛市和熊市周期。

不可否认，心理分析对股票价格走向趋势转折点见解有很多独到之处。但由于发展时间尚短等原因，股票心理分析理论更重于哲学说教性，实际操作指导作用并不强，同样也无法解决准确判断股价走势的目标和到达目标价位的时间这一新的时代要求。

新时代股票市场，呼唤新的分析利器。

### （二）股价波动规律是可以被人们所认识的

既然当前三大分析流派都无法对股市做出精准分析，那么，股票价格波动是不可被认识的吗？很多投资者基于自身失败的研究经验与操作结果，也悲观地这么认为。这种唯心主义观点是错误的，它直接违背了任何事物都有其自身发展规律这一历史唯物主义观点，也违反认识论。你无法认识它，并不代表它不存在，也并不代表人类社会就无法认识它。

我们难以分析出股价日常走势是由于股价是个无比复杂的社会系统，此外，我们运用的分析手段相对落后，还存在很多问题，无法解决这一难题。只要我们拥有更强而有力的研究手段和方法，那么，提高股市的研究分析水平，并做出精准分析是完全有可能做到的。实际上，在现实生活当中，对股价局部走势做出准确甚至精确判断的还是大有人在的。笔者在多年的股票投资活动中，运用股价稳定态理论就成功地精准预测到个股指数的重大转折点。

### （三）股价稳定态理论能满足精确分析的要求

在10多年的投资活动中，笔者运用股价稳定态理论成功地预见到很多关键转折点发生的时间和点位。例如：

1999年5月的井喷行情及6月上证综指顶点1750（实际：1751.22）；

2000年8月上证综指将受阻于2118 （实际：2114.52）；

2006年4月，当上证综指还在1300点附近徘徊时，明确指出，上证综指3年内将会上涨到5000点（2007年10月，大盘突破6000点）；

2008年10月18日，大盘会在13：20附近绝地反击（实际：13：17）；

2009年8月3日，在大盘3年最高点处送“桃”建议逃离；

2010 年 9 月 30 日，提前捕捉到 10 月小井喷行情；

……

以上点位预测误差只有个位数，时间误差只用分钟计，完全满足了股市精确分析的要求。股价稳定态理论不仅可以分析大盘大波段的走势，也可分析大盘个股小级别的波动。笔者利用它对上证综指在 2007 年 3~7 月的走势进行了系列预测，不仅成功地预见到在此期间指数将大幅上涨、逼空行情在 5 月终结、4120 点上方风险区间等行情发展大的趋势变化，而且成功地预测到 2007 年 4 月 19 日大盘暴跌、2007 年 6 月 5 日大盘触底反弹、2007 年 7 月 5 日大盘触底反击等重大孤立事件。预测结果与上证综指实际走势达到了令人惊叹的吻合程度。

## 三、精准狙击个股，你也可以做到

股价稳定态理论直接来自于本人股票交易实践，具有很强的应用针对性和实战技巧性，能够解决投资者在交易过程中遇到的，包括估算涨跌空间、最佳买卖点、逃顶、除权等在内的各种难题。做到了这些，对普通与专业投资者而言，也就相当于做到了精准狙击个股。

### （一）股价稳定态理论的强大应用

与当前的股票理论不同的是，股价稳定态理论是一种基于股票自身波动规律的股票理论体系，它承认股价波动有其自身规律，并且充分尊重股价波动的自身规律。

股价稳定态理论直接来自于股票二级市场的交易实践，并可应用和指导于人们的日常实践，具有更强的应用针对性和实战技巧性。实践证明，新理论能够解决投资者在交易过程中遇到的各种难题。例如：

股价/大盘后势走向判断；

股价/大盘涨跌空间估算；

个股高抛低吸操作；

个股最佳买点选择；

个股冲高的时间：

个股高位逃顶；

个股除权操作；

……

## （二）股价稳定态理论的优势明显

与当前被广大投资者广泛采用的间接性的基本分析方法和被动性的技术分析手段相比，股价稳定态理论具有的优势非常明显，一目了然。

对基本分析、技术分析、稳定态分析三种分析方法做全面比较，对比如下：

**表 1–1 三种分析方法全面对比**

| | | 基本分析 | 技术分析 | 稳定态分析 |
|---|---|---|---|---|
| 假设前提 | | 市场是弱势有效 | 历史总不断重复 | 股价定位于稳定态中 |
| 投资行为 | | 理性的 | 非理性的 | 理性、非理性并存 |
| 股价本身 | | 公司估值问题 | 市场自由定价问题 | 股价自身演变问题 |
| 股价波动 | | 趋向价值 | 沿趋势波动 | 趋向目标稳定态运动 |
| 关注层面 | | 上市公司 | 市场状况 | 股价系统整体状况 |
| 分析方式 | | 间接估值 | 被动跟踪 | 直接推演 |
| 研究对象 | | 反映公司基本面的财务报表、行业状况等 | 二级市场形成的各种数据、K 线形态等 | 股价系统状态与影响股价变化的各种因素 |
| 投资操作指导 | 长期 | 有 | 无 | 有 |
| | 中期 | 弱 | 弱 | 强 |
| | 短期 | 无 | 有 | 强 |
| 适用投资 | | 长期投资 | 短线操作 | 中、短期投资操作 |
| 掌握 | | 难 | 易 | 易 |
| 运用 | | 烦琐 | 杂乱 | 简单 |

表 1–1 全面比较稳定态分析、基本分析、技术分析三种分析方法的优势和效果，不难看出稳定态分析的优势。

## （三）股价稳定态理论的先进根源

股价稳定态理论之所以比当今其他股票理论更加先进、更加行之有效，与它源自道家的哲学智慧、基于股价自身波动的思想观点、充分吸收现有的股票理论思想等多种原因是分不开的。

1. 理论源自道家哲学指导思想

笔者虽然自小受到系统的现代教育，但从小深受以道家为首的中国传统文化熏陶。股价稳定态理论思想就是源自中国古老的道家哲学思想。本理论的基础是，“股价是个开放性的社会能量系统，系统内的各个主体及外部环境变化都可能对股价产生影响”。本理论来自道家学说的“天人合一”思想，认为股市与股价波动规律是客观存在的并可被认识的，正是道家所强调的“道”无所不在、“道”是可求的主张。

道家哲学是种面向未来的济世通用哲学，不会随着人类社会发展变迁而褪色。它如同指路明灯，指引人类社会不断前进。世界上如果有终极哲学的话，那只可能是道家哲学。有古老先进的道家哲学思想做基础，本理论不至于在认识上犯方向性错误，在它的指引下，我们定能揭开股市更多的玄机与奥妙。

**图 1–4 太极图**

图 1–4 为道家的太极图。太极图是以黑白两个鱼形纹组成的圆形图案，俗称阴阳鱼。太极是中国古代道家的哲学术语，意为派生万物的本源。太极图形象化地表达了阴阳轮转，相反相成是万物生成变化根源的哲理。

2. 理论基于股价自身波动规律

与当前的股票理论不同的是，股价稳定态理论是一种基于股票自身波动规律的股票理论体系。它承认股价波动有其自身规律，并且充分尊重股价波动的自身规律。这与基本分析通过研究公司价值的方式来间接研究股价，技术分析依据二级市场数据来被动跟踪股价，心理分析通过分析研究人们的行为判断股价相比起来，股价稳定态理论更加靠近实物的本质，自然更能揭开股价波动的真相。

3. 理论站在巨人肩膀之上

股价稳定态理论中的许多思想观点，与当今通行的一些股票理论观点有着相近相通的地方。新理论吸收了波浪理论、趋势理论、江恩理论、价值理论等众多股市理论的先进观点，但是全面摒弃了它们不足、不科学的地方。可以说，新理论站在探索股市规律的巨人肩膀之上，因此，与现有理论成就相比，自然能够看得更高更远。

4. 理论是中华民族民间智慧的结晶

股价稳定态理论是笔者历经十余年的二级市场实践、探索、研究、验证的总结。为了完善本理论，十余年来，本人到过近 20 个省（直辖市）、上百个地级市，出入数百营业部，与上万投资者交流投资心得、探讨投资理念。因此，股价稳定态理论绝非闭门造车的结果，而是本人十余年潜心研究股市的感悟所得，更是中华民族民间智慧的结晶。

# 第二章　股价稳定态理论简介

本章就股价稳定态理论向投资者做简单介绍。我们认为股价是种社会能量形态，股价波动反映了各种社会力量持续的动态博弈过程。股价博弈的结果必然是趋于某种形式的平衡，在此我们称之为股价稳定态。股价总是从一个稳定态运动到另一个稳定态。社会博弈的基础是人，股价集中地体现了当前社会心态，通过改变投资者心态能够改变股价稳定态。

## 一、对股价的再认识

股价是什么？顾名思义，股价就是指股票这一特殊金融商品的交易价格。那么，仅这么简单吗？显然不是。股价作为人类社会经济活动的产物，必然会先天性地烙上人类社会的社会属性与行为特征。那么，股价又有什么样的社会属性与行为特征呢？

虽然当前研究股市的理论很多，但对股价的社会属性，目前并没有任何一种理论认真地思索探讨过。我们认为，要想正确认识股价的发展变化，揭示股价运行的内在规律，首先必须要深度了解股价这一基本概念和社会属性。

### （一）股价是个庞大的社会系统

股价的产生、变动离不开股市，因此，我们认为，离开股票市场这一基础谈论股价是没有任何意义的。从股价的产生基础——股票市场来看，股票市场

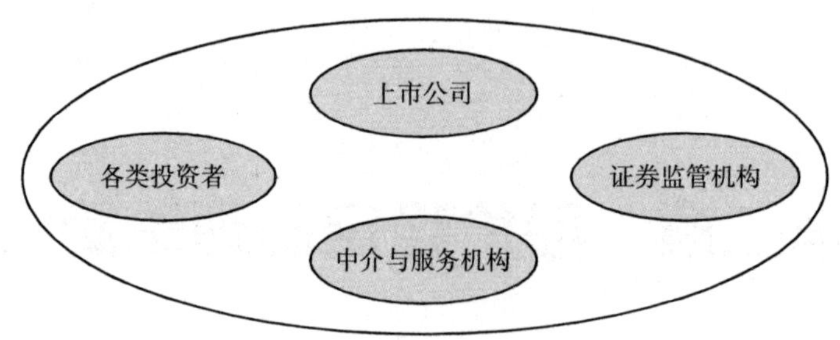


**图 2-1　股票市场构成示意图**

自身就是一个有机而复杂的社会系统。如图 2-1 所示，股票市场主要由以下几部分构成：

上市公司：发行股票的主体公司；

各类投资者：包括普通投资者（主要是个人投资者）、机构投资者（公司、法人投资者）、投资基金（基金公司、社保机构、QFII 等）、各类金融机构等（银行、保险公司、信托公司等）；

中介与服务机构：证券公司、财经媒体等；

证券监管机构：证监会及各级监管机构。

股价作为一种社会系统，与其他社会系统一样，是个复杂的有机体，内部存在着大量的信息交换与能量变化。股价的具体价位是价格系统内各种力量相互角逐的产物和结果，是一定能量和能量关系的凝结体。由于参与股市的投资者数量众多，高达数千万元甚至上亿元，各个投资者思维方式各异、行为变化多端，这决定了股价是个无比巨大、无比复杂的社会能量信息系统。

股市一产生就获得快速发展，并在世界经济活动中起到越来越大的作用。如今，在欧美等国家，股市有“国民经济晴雨表”之称，因为股市总市值早已超过该国的 GDP，股市与该国经济活动的各个环节相互影响、相互渗透、相互依存。这决定了股票市场是个无比庞大、无比复杂的社会系统。

### （二）股价是个开放的社会系统

由于股票市场本身就是个无比庞大、无比复杂的社会系统，注定股价也是个无比庞大、无比复杂的社会系统。股票市场各组成部分的任何变动都有可能影响到有关股价的变化，如上市公司业绩大幅度提升可能导致股价上涨，投资者大规模抛售或买进股票会造成股价剧烈波动等。此外，股价还容易受到股票市场之外很多种因素的影响而发生变化。我们认为，股价是个包括影响股价变动各种因素在内的、开放的社会系统。

影响股价的因素，包括但不限于公司因素、市场因素、社会因素、政策因素等。

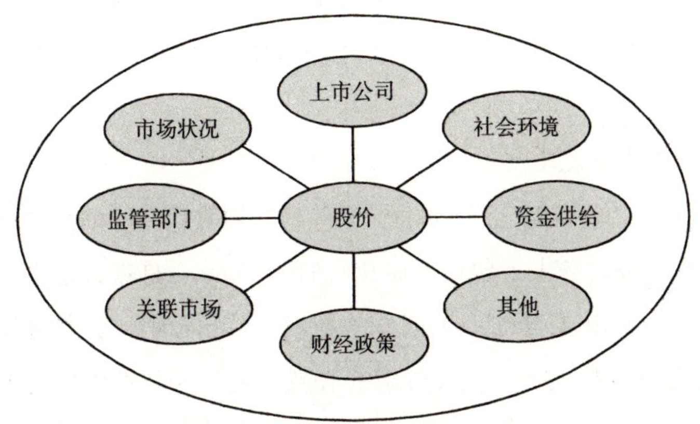


**图 2–2　影响股价的因素示意图**

股价作为股票市场这个有机而复杂的社会系统产物，决定了股价跟股票市场一样，也是个社会系统，自然具有社会系统所具有的稳定性、自愈性等基本特征，它内部存在着大量的信息交换与能量变化。股价的具体价位是价格系统内各种力量相互角逐的产物和结果，是一定能量和能量关系的凝结体。

我们认为，要想正确认识今后股价的发展变化，不仅要揭示决定股价运行的内在规律，而且必须充分了解影响股价变化的客观环境的变化以及由此产生的对股价运行的影响。

## （三）资本意志决定了股价波动

我们都知道，买卖股票的资金直接导致股价发生波动，但并不是所有的资金都会导致股价发生明显波动，只有逐利性很强的社会资本才会导致股价大幅波动。

1. 什么是资本

在经济学意义上，资本指的是用于生产的基本生产要素，即资金、厂房、设备、材料等物质资源的统称。在资本市场里，它的意义与范畴则要小很多。本书所说的资本，就是专指那些寻求超额回报的社会资金。

不可否认，参与股票市场的资金都是为了寻求资金增值，但追求资金增值意愿与能量有着本质区别。个人投资者资金相对很小，通常情况下不会对股价波动产生大的影响，因此称不上资本；那种逐利性、投机性很强的私募资金、投资资金才是真正意义上的资本。正是这些资本的强烈的逐利性流动，导致股价和大盘的大起大落。

2. 资本的意志就是逐利

2001 年 6 月，中国 IT 行业发生了一件具有划时代意义的重大事件，新浪网创始人王志东，被迫辞去了包括首席执行官（CEO）、总裁、董事会董事三个极其重要的职务，离开了自己一手创办的新浪网[①]。同时，新浪网公司也计划在 2001 年 6 月底前裁员 15%。该事件引起轩然大波，并随即引发有关于资本意志的大讨论。社会舆论最终认定，王志东被迫离开新浪与新浪网裁员，根本原因在于背后的国际资本对新浪网业绩表现不佳极其不满。因此，该事件足以证明，资本是具有强烈意志的，正是国际创投资本的强烈意志，最终迫使王志东离开新浪。

那么，资本的意志是什么？资本的意志就是逐利。为了追逐更高的利益，资本会想方设法地搬去一切绊脚石或它们认为的绊脚石。2001 年，王志东已成为新浪资本方追逐更高利益的绊脚石，这注定了他必然无奈黯然地离开。

不仅是创业资本有意志，所有的资本都有自己的意志。马克思主义政治经济学认为，资本是可以带来剩余价值的。资本是一种生产关系、阶级关系，也是一种处于运动中的价值。资本一旦停止运动，就丧失了它的生命力。因此，它只有在不断的运动中才能够不断地榨取剩余价值。逐利性与流动性，是资本的两大基本特征。

---

① 李学凌. 王志东被迫下岗［EB/OL］. http://tech.sina.com.cn/i/c/70380.shtml.

在不同的资本市场，资本的意志表现形式各不相同。在股票市场上，资本的意志直接表现在股价涨跌上。

3. 资本的意志与股价涨跌

股价作为一种社会系统，与其他社会系统一样，是个复杂的有机体，内部存在着大量的信息交换与能量变化。这种变化，以交易量、交易价格变化等形式体现出来。不同的是，这里的能量载体是资金及资金的表现形式如股价等，每笔资金流动、每次股价变化都代表和体现了不同资本的自身利益、意志和能量。

当做多资本能量大于做空资本能量时，则会推动股价上涨；而当做多资本能量小于做空资本能量时，则会导致股价下跌。

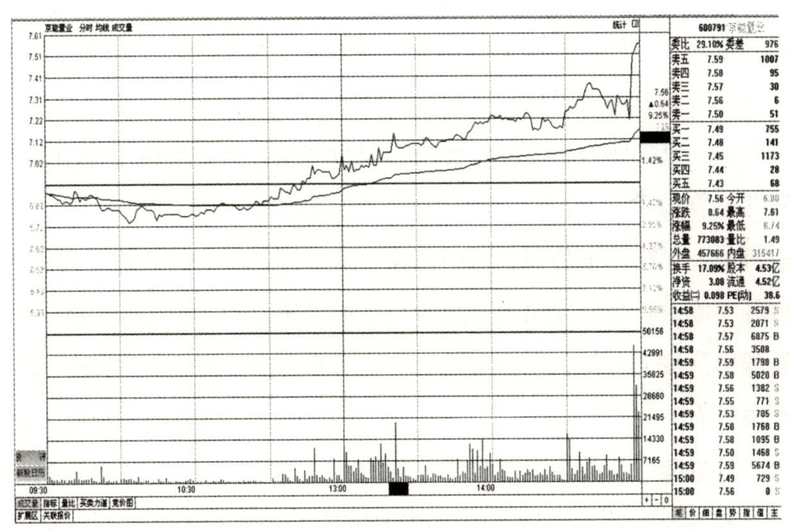


**图 2–3　2014 年 10 月 15 日京能置业分时图**

图 2–3 显示，京能置业（600791）在 2014 年 10 月 15 日尾盘出现快速拉升，是有大量买盘推动的。资本的综合意愿是导致股价涨跌的直接推动力。

## （四）股市运行基础是市场博弈

现代博弈论认为，市场交易行为是一种典型的博弈行为。在商品交易活动中，购买方既要买到所需的商品，又希望自己花费尽量少的钱，即总希望价格尽可能低些；而卖出方既想成功出售自己的商品，又希望能卖个好价钱，即希望价格尽可能高些。因此，彼此之间就成交价格进行博弈，构成一对博弈关系。

同样，股价也是通过市场博弈形成的。现代股市交易制度采取价格优先、时间优先为原则的撮合交易方式成交。在股票撮合交易过程中，买入方既想买入股票，同时又希望成交价格尽可能低些；卖出方既想卖出股票，同时又希望成交价格尽可能高些，买卖双方就成交价格构成一对典型的市场博弈关系。因此，股价就是市场博弈的产物。市场博弈是股市最基本的特性之一，我们平常说的“多空搏杀”正是股市博弈本质的口语化表现。

现代股市影响到社会活动的方方面面，早已从早期的股票交易场所，演变成为投资者、上市公司、政府等各种社会力量广泛参与的社会持续性综合博弈进程。其中：

各类投资者：包括投资基金、各类机构、中小投资者。直接参与，关注股价涨跌，力求实现自己财富增值。

上市公司：直接参与，关注自己公司股价涨跌，借此来树立公司的社会形象和防止被恶意收购。

金融机构：包括基金公司、证券公司、银行等。一方面搭建交易平台，为投资者提供各类服务；另一方面也直接参与市场交易。

监管部门：被迫参与，维护市场公开、公平、公正原则，杜绝投资者与上市公司的不法行为。

政府：被迫参与，关注指数起落，防止由此引发社会民生等一系列问题。

股市所有参与的社会力量，都有通过股市表达自己观点和立场的内在要求。不难理解社会中为什么不断有人高声对股市发表评论、言论。各种社会力量不断分化，并最终形成多空两种力量，就股票价格和数量，展开直接角逐博弈，以达到自己的话语权。

### （五）股价博弈最终趋于某种平衡

我们知道，数学博弈有胜、负、和三种结果。但作为多方参与复杂的社会大博弈，最终结果只有一种，那就是，趋于某种形式和某种程度的平衡。如朝鲜战争朝韩双方最终以三八线划分；两伊经过 8 年战争，伊朗、伊拉克边界最终回到战争前的边界线；几百年来战争频频，甚至发动过两次世界大战的欧洲，各国国家边界线整体上并没有特别大的变化。

股市作为一种人类社会高级的智力博弈活动，与其他社会博弈的最终结果也一样，其结果也是趋于某种程度和某种形式的平衡。股市这种平衡集中表现在：

（1）在任何一个时间点上，股价、指数有具体的价位与点位。

（2）在某些相当长的时间内，股价、指数变动整体上会稳定在某个相当固定的价位和指数区间内。

在本书中，我们把它称为稳定态。

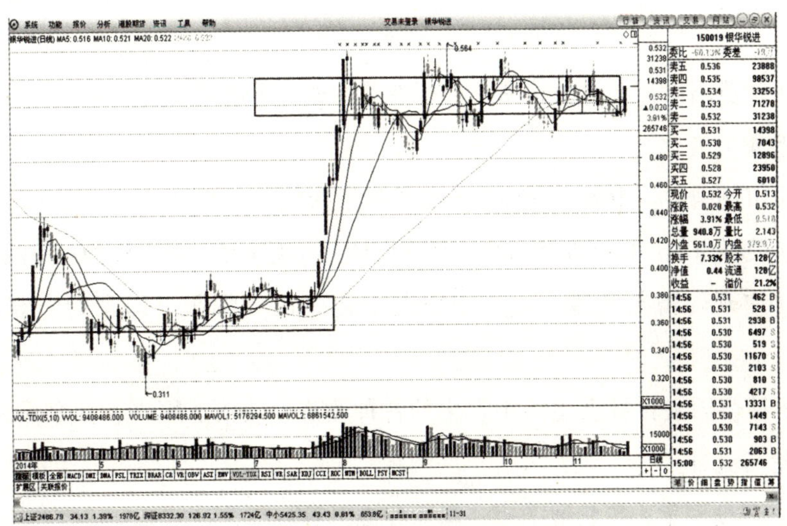

图 2–4　银华锐进日 K 线图

如图 2–4 所示，虽然在每个交易时刻，价格有它具体的价位，但银华锐进（150019）的价格基本都在（0.515，0.538）元的稳定态内波动。

## （六）股价变化的影响因素

我们认为，要想正确认识今后股价的发展变化，不仅要揭示决定股价运行的内在规律，而且必须充分了解影响股价变化的客观环境的变化以及由此对股价运行的影响。构成股票市场各部分的变动会影响到股价，股价还容易受到股票市场之外很多种因素的影响，如深证大盘盘中走势经常会受到中国香港股市走势的影响；突发的“9·11”恐怖袭击导致欧美股市下跌；2008 年 1 月中国南方发生的严重冰冻灾害，不仅造成严重的经济损失，而且还导致中国股市大跌。

股价是个包括影响股价变动各种因素在内的开放的社会系统。系统内的任何变动，都可能会影响到股价的波动，但一般情况下影响有限。影响股价剧烈波动的因素，主要来自以下几个方面：

（1）业绩因素：上市公司的业绩与业绩预期，以及反映公司业绩的某些重要财务指标，如成长性、速动比、现金流量等。

（2）公司因素：上市公司经历重组、资产注入、合并整合等变更及分拆上市、收购出售、投资发债、分红送股，以及新技术、新产品的推出等经营重大举措。

（3）产业因素：上市公司所在的行业及行业上下游的变化，行业标准以及国家产业政策的变化。

（4）市场因素：市场投资理念、交投的活跃性。

（5）关联市场：包括期货市场、利率市场、外汇市场，周边外围股市的影响。

（6）宏观经济与政策：宏观经济与变化，通货膨胀与国家的宏观调控政策等。

（7）社会因素：社会生活中发生的各种经济、政治、军事、社会重大事件，社会舆论与流言。

（8）其他因素：限售股上市、新业务推出等。

## 二、股价稳定态基础

股价稳定态作为股市社会博弈的最终结果，它有哪些不同呢？

### （一）股价稳定态无所不在

随便打开一只股票的 K 线图，我们不难发现一个有趣的现象，股价在某些区域走势显得凝重，涨跌乏力、波动很小；而在另外某些区域，股性却非常活跃，股价快涨速跌、剧烈震荡。

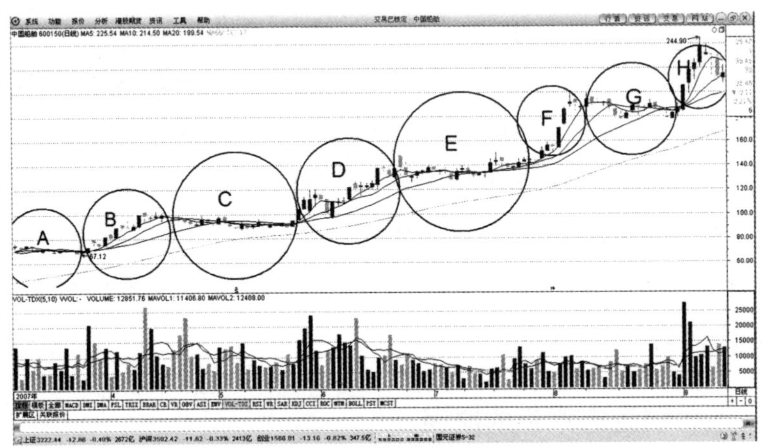


图 2-5　中国船舶日 K 线图（2007 年 4~10 月）

如图 2-5 所示，中国船舶（600150）日 K 线图中椭圆 A、C、E、G 内的日 K 线，股票价格波动力度与幅度远小于椭圆 B、D、F、H 内的日 K 线价格波动。

这种现象不仅存在于日 K 线图中，在周 K 线图、月 K 线图、30 分钟 K 线图、5 分钟 K 线图，甚至分时图中都广泛存在。

如图 2-6 所示，龙头股份（600630）在 2014 年 11 月 21 日，股价在 12.13~13.17 元、12.35~13.39 元内波动相当温和，波动力度与幅度远小于其他价位。

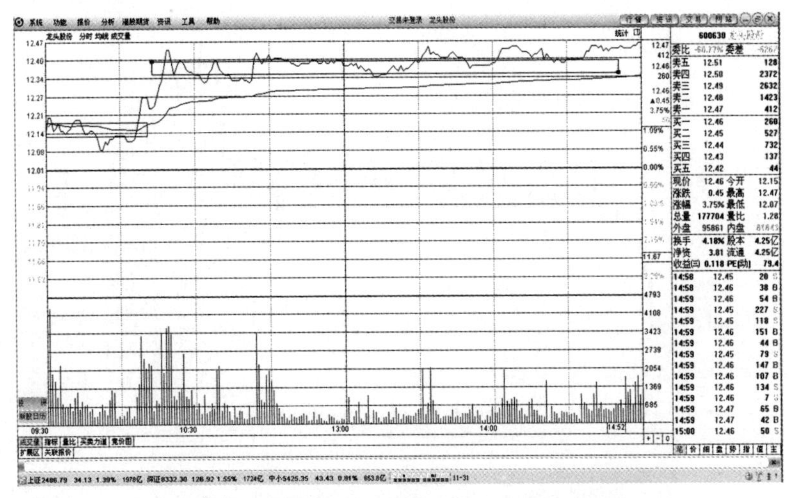

图 2-6　龙头股份 2014 年 11 月 21 日分时图

我们对于股价长期处在某些价位区间做小幅日常波动的个股，称为处于股价稳定状态中，对应的那个价位区间称为股价稳定区间，状态称为股价稳定状态，简称稳定态。把股价在剧烈波动的个股，称为处于股价不稳定状态中，对应的那个价位区间称为股价不稳定区间，状态称为股价不稳定状态，简称不稳定态。

当个股在股价稳定区间内波动时，股性凝重、动能不足、涨跌乏力，即使偶尔突破该区间，也马上回到该区间内做窄幅波动，在稳定区间内停留的时间也相当长，可达数月甚至数年之久；而当股价处在不稳定的价位区间内时，股性活跃、动能充沛，股价快涨速跌、剧烈震荡，但在不稳定区间内停留的时间较短，通常不超过 3 个月。

## （二）股价稳定态产生的原因

股价稳定态产生的根本原因在于个股股价在稳定价位区间内时，多空双方分歧较小，此时股价系统状态最稳定，维持目前价位所需消耗的资金最低，系统的自愈能力最强。

如图 2–7 所示，山西汾酒（600809）日 K 线图反映股票价格动能的成交量、大阳线、大阴线在稳定态内出现的频率和幅度要低或小得多，这表明在此期间价格系统很稳定。

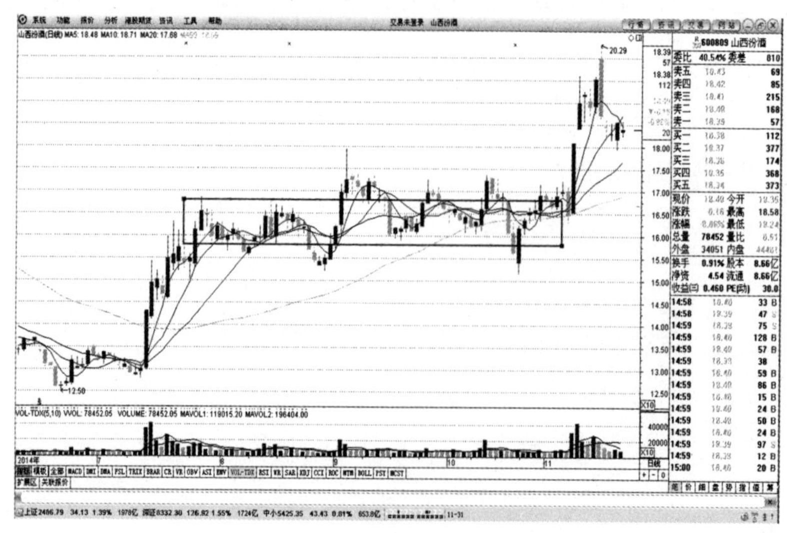


图 2–7　山西汾酒日 K 线图

## （三）股价不稳定状态的实质

相比起处于稳定状态内的时间，个股处于不稳定状态中的时间显得非常短暂，通常不到该股处于稳定状态内时间的 1/3。我们完全可以把个股处于不稳定状态中看作是该股处于寻找和定位于某个新的稳定状态过程中。因此，我们可以这样认为：个股总处于某个稳定态中或处于定位于某个新的稳定态过程中。

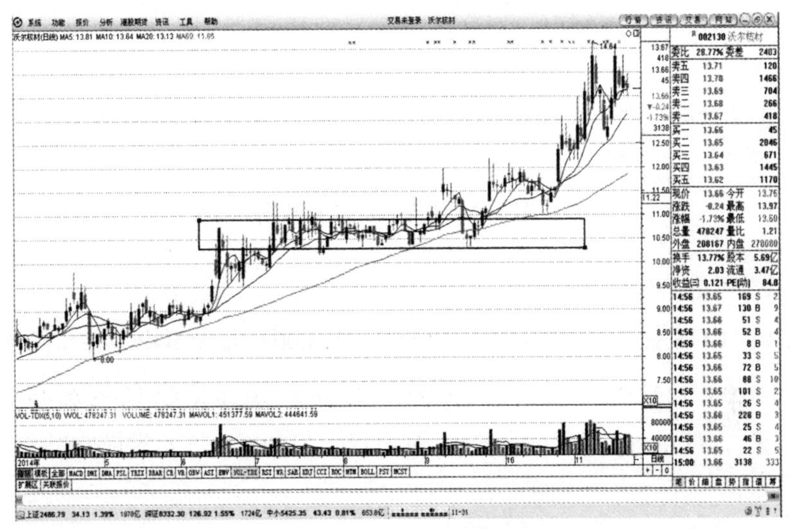

图 2-8 沃尔核材日 K 线图

如图 2-8 所示，沃尔核材（002130）已脱离（10.30，10.90）元稳定态，进入不稳定状态，该股最终将进入该股某个稳定状态内。因此，该股此时正处于寻找定位于某个新的稳定状态过程中。

## （四）稳定态与不稳定态可细分

股价稳定态与不稳定态可进一步细分，即一个稳定态或不稳定态又可划分为若干个级别更小的子稳定态或不稳定态。

如图 2-9 所示，洋河股份（002304）分别在（106.00，114.00）元、（214.00，228.00）元存在着稳定态，而在这 2 个稳定态中夹着 1 个（114.00，214.00）元的不稳定态。而洋河股份（105.00，114.00）元的稳定态与（114.00，214.00）元的

图 2-9 洋河股份日 K 线图

不稳定态，可进一步细分。

如图 2-10 所示，洋河股份在（114.00，214.00）元为不稳定态，可进一步细化为（136.00，142.00）元、（176.00，185.00）元 2 个子稳定态和（114.00，136.00）元、（146.00，176.00）元、（185.00，214.00）元 3 个子不稳定态。

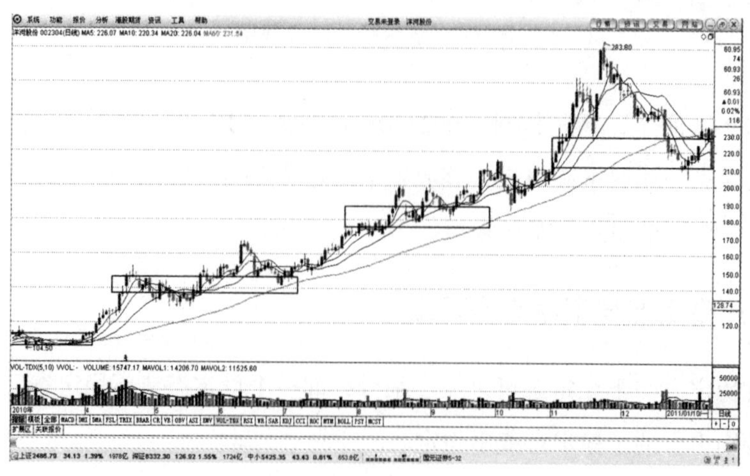

图 2-10 洋河股份日 K 线图

如图 2-11 所示，洋河股份（002304）在（105.00，114.00）元为稳定态，又由 2 个分别为（105.00，108.00）元、（111.00，114.00）元的子稳定态，以及 1 个为（108.00，111.00）元的不稳定态共同组成。

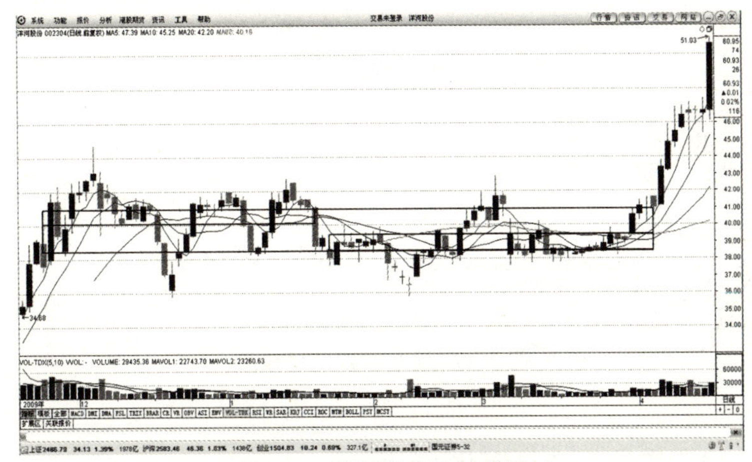

**图 2-11 洋河股份日 K 线图**

## （五）股价稳定状态的性质

股价稳定状态其实是一种持续稳定的平衡，这表现在当个股、指数处于其稳定态内时，个股股价、指数变动整体上会长时间持续稳定在某个非常固定的价格、指数区间内。个股平衡也同时是一种动态可变平衡，这表现在个股处在其稳定态内，股价不是一成不变的，而是在不断做窄幅波动。当公司业绩、经营状况、政府政策、周边市场等影响股价的因素发生变化时，稳定态有可能会发生移动或改变，甚至进入不稳定状态寻找定位于新的稳定态。

如图 2-12 所示，在 2014 年 6~9 月，金智科技（002090）股价一直在（14.20，14.80）元稳定态内波动，2014 年 9 月，股价开始脱离现有稳定态，并向上震荡攀升。

图 2-12　金智科技日 K 线图

## （六）稳定态的形态与变化

个股稳定态有巨齿型（见图 2-13）、“一”字型（见图 2-14）、“01”漫步型等几种基本形态。经过以上几种基本形态的有序组合，形成形态各异、花样繁多的局部形状，并最终形成独一无二的个股稳定态。

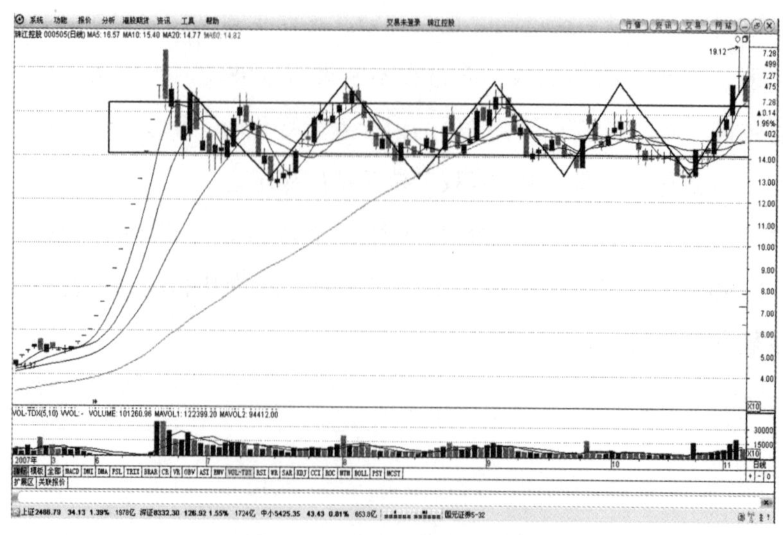

图 2-13　珠江控股日 K 线图

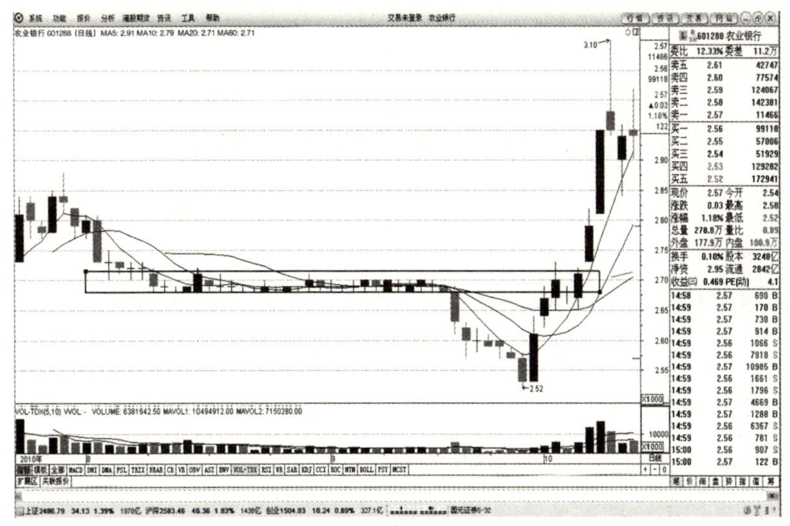


图 2-14　农业银行日 K 线图

稳定态的形态也并不是一成不变的，它会在外界各种因素共同作用下，发生翻转、隆起、漂移等种种变化。

图 2-15 清晰地显示，上证指数稳定态在 2012 年竟然也发生了明显的向上翻转，而个股稳定态的变化则显得更加五花八门，令人眼花缭乱。

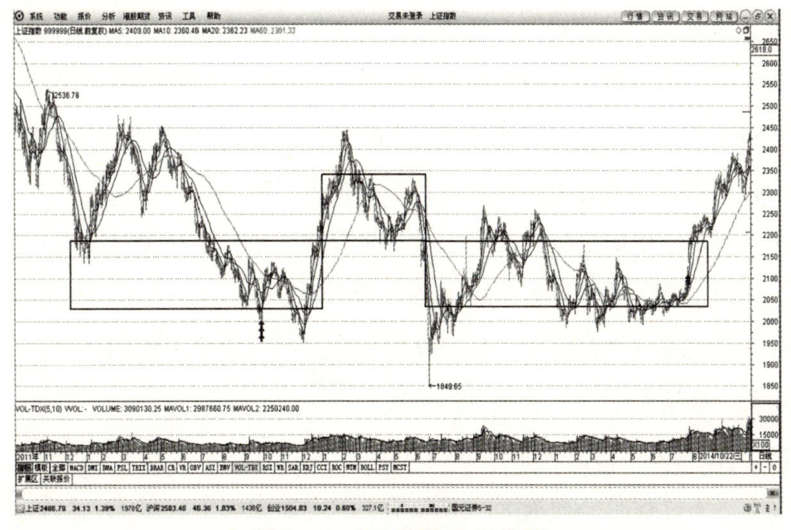


图 2-15　上证指数日 K 线图

# 三、两大假设与四大推论

为了有助于大家更好地理解股价稳定态理论，我们在此引入两个与此有关的假设：

(1) 个股终将定位于某个稳定态中；

(2) 股价是当前社会心态的集中体现。

根据股价稳定态理论及其假设，我们进而可简单地推导出如下四个推论：

推论 1：股价总是从一个稳定态运动到另一个稳定态；

推论 2：股价运动的目的和方向是明确的；

推论 3：股价变化是能够被高度认识的；

推论 4：通过改变投资者心态能改变股价。

## (一) 个股终将定位于某个稳定态中

股价稳定态理论告诉我们，股价不是处于一个稳定价位区间就是处于一个不稳定价位区间。当个股在其稳定的价位区间做低幅度、低烈度的日常波动时，我们称该股处于稳定态中，当个股不稳定时，我们称该股处于不稳定态中。因此，个股只会处于稳定态或处于不稳定态，不存在第三种情况。

处于不稳定态中的个股，实际上是处于寻找和定位于某个稳定态短暂的过渡性过程。该股最终将和所有处于稳定态中的个股一样，必将定位于它的某个稳定态中，并在稳定态内做低幅度、低烈度的日常波动。因此，我们认为：个股最终将定位于某个稳定态中。

如图 2-16 所示，京威股份（002662）不管何时，要么处于稳定态，要么处于不稳定态，不存在第三种情况。对处于不稳定态中的个股来说，只是处于寻找定位于某个新的稳定态过程中。

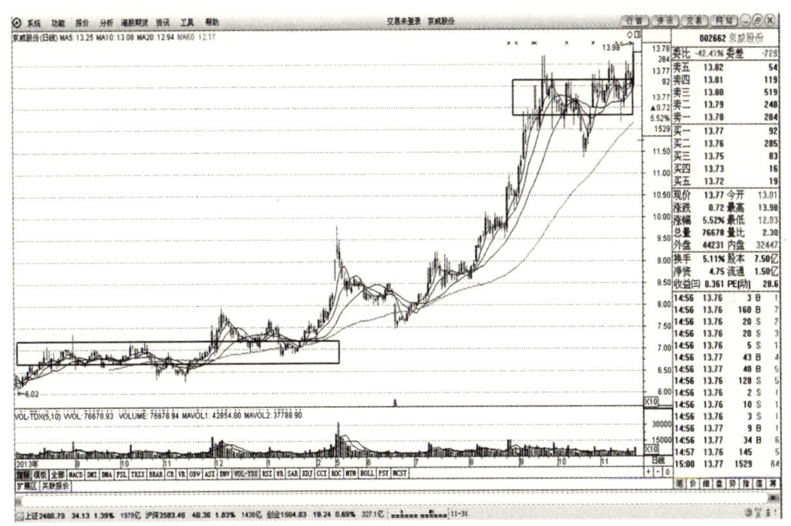

图 2-16 京威股份日 K 线图

个股最终将定位于某个稳定状态中，其根本原因是股市作为一种人类社会高级的智力博弈活动，与其他社会博弈的最终结果一样，其结果也是趋于或达到某种程度和某种形式的平衡。股市的这种博弈平衡具体表现在个股股价长时期内会在某个相对固定的价格区间内做非常稳定的窄幅波动。这种以窄幅波动为特征的动态平衡，也只能是持续的博弈市场唯一的表现方式。股市是千万人共同参与的社会博弈，其复杂程度超过人们的想象，即使再先进的计算机系统，也无法进行模拟。

既然个股最终将定位于它某个稳定态中，那么，我们据此推导出前三个推论：

推论 1：股价总是从一个稳定态运动到另一个稳定态

根据股价稳定态理论，既然个股最终将定位于它某个稳定态中，那么，个股后市只存在两种可能，要么继续在现有稳定态内做低幅度、低烈度的日常波动，要么剧烈波动并进入到另一个稳定态内做低幅度、低烈度的日常波动。对股价来说，总是从一个稳定态运动到另一个稳定态。

如图 2-17 所示，2014 年 9 月，南京新百（600682）股价开始脱离现有的（11.20，12.20）元稳定态，向更高位的稳定态运动，不管最终如何，它必将进入一个新的稳定态内做日常波动。

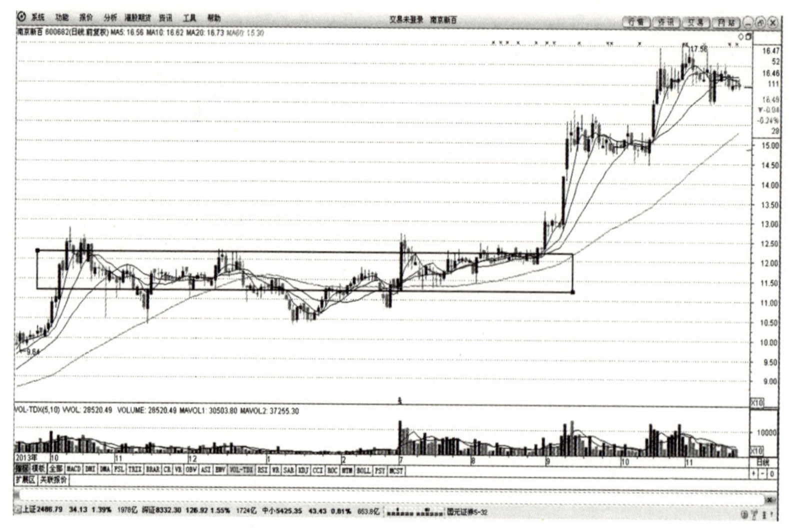

图 2-17 南京新百日 K 线图

推论 2：股价运动的目的和方向是明确的

根据股价稳定态理论及推论 1，个股最终将定位于它的某个稳定态中，股价总是从一个稳定态运动到另一个稳定态。那么，对处于某个稳定态中的个股，它当前股价运动目的是非常明确的，依然在该稳定态中做日常波动，直到某种因素改变现有的稳定态；处于不稳定态中的个股，则是在不断寻找、重新定位某个稳定态过程之中，它的运动目标也是明确的，即进入该股的目标稳定态中。

既然股价运动目标是明确的，那么，我们则不难知道，在特定的阶段内，股价的运行方向也是明确的。处于稳定态中的个股，股价将继续做横盘整理；向高位目标稳定态运动的个股，股价后市将上涨；而向低位目标稳定态运动的个股，股价后市则会盘落。

如图 2-18 所示，广电运通（002152）股价在 2014 年 11 月的运行方向很明确，在（17.60，18.70）元稳定态内做横盘整理。

如图 2-19 所示，哈投股份（600864）股价在当前的运行方向很明确，脱离低位的（8.55，9.40）元稳定态，向更高位的稳定态运动。

如图 2-20 所示，大华股份（002236）股价在 2014 年下半年运行方向同样明确，脱离高位稳定态，向低位稳定态运动。

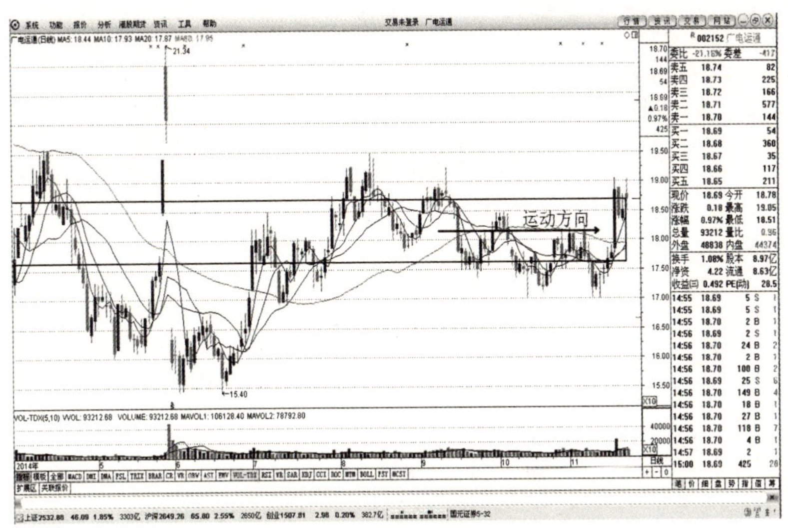


图 2-18　广电运通日 K 线图

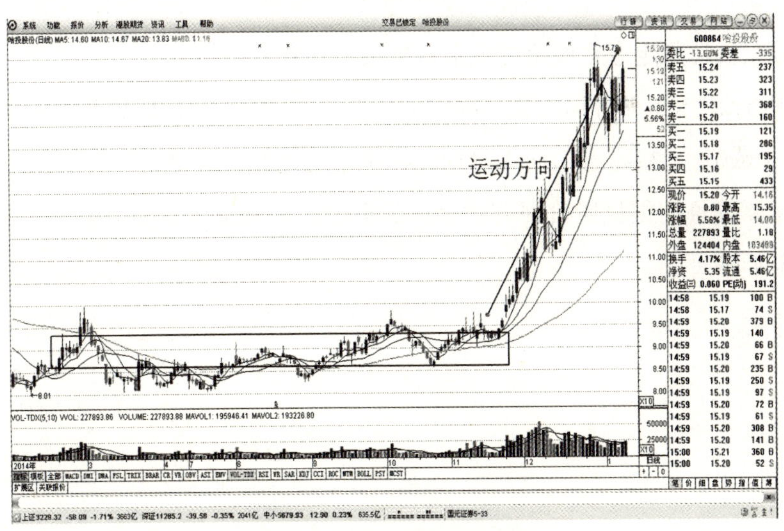


图 2-19　哈投股份日 K 线图

推论 3：股价变化是能够被高度认识的

依据股价稳定态理论及推论 1、推论 2，既然个股最终将定位于某个稳定态中，股价总是从一个稳定态运动到另一个稳定态。那么，如果我们能分析并找出个股的目标稳定态，即可预先知道未来一段时期内该股的大致走势。经过笔者长期研究实践，个股的下个稳定态其实是有很多规律可循的。因此，股价变化完全

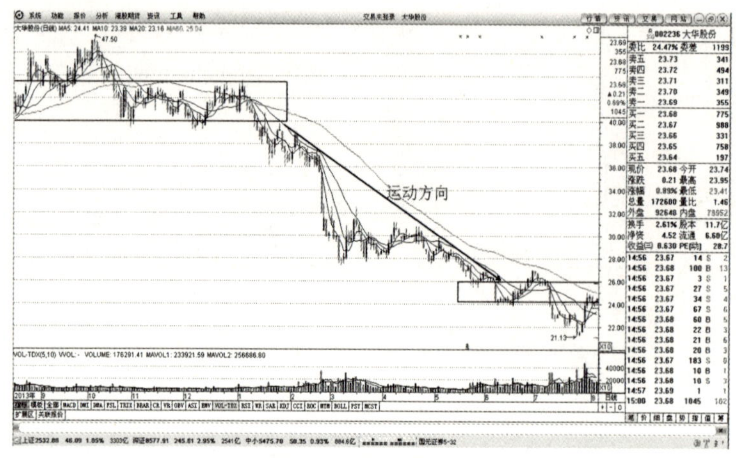


图 2-20 大华股份日 K 线图

是能够被人们高度认识的。

充分运用股价稳定态理论，股票投资可以很简单，寻找到该股的下个稳定态，并根据目标稳定态在股价的上下位置买入或卖出。

如图 2-21 所示，鲁信创投（600783）股价在 2014 年 8 月底正式脱离原来的（15.40，16.20）元稳定态，向更高稳定态运动的趋势已经确定。投资者明白这一点，只需要等鲁信创投股价回调到合适的点位，大胆买入，耐心持有一段时间，即可获得丰厚回报。

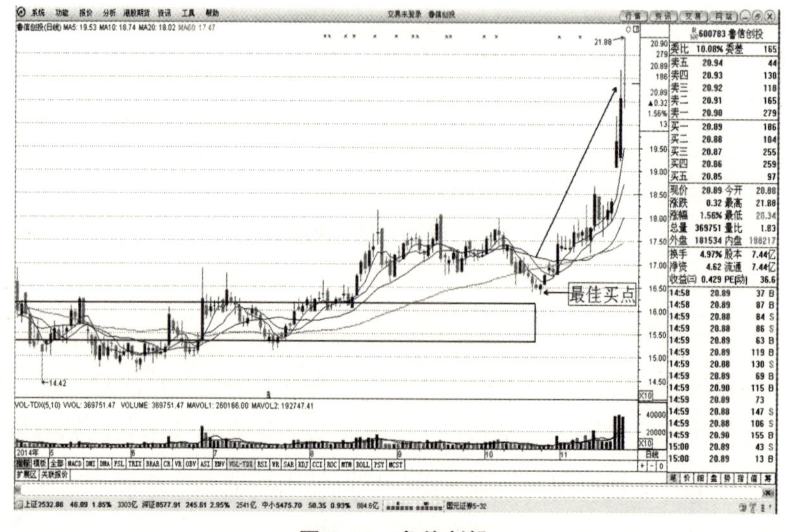


图 2-21 鲁信创投

## （二）股价是当前社会心态的集中体现

现代社会心理学认为，社会心态是一定社会发展时期内弥散在整个社会或社会群体中的社会心境状态，是整个社会感受、社会情绪基调、社会共识和社会价值观的总和。社会心态是基于大众认识基础之上的行为与认识的社会共性，这种社会共性必然会通过个体与整体的外在具体表现出来。因此，众多个体的共同行为与具体表现也就构成了某种社会心态。股票作为一种面向大众投资的品种，大众投资者的共同投资行为、投资观点等也是种典型的社会心态。

1. 社会心态系统惯性与可塑性

社会心态作为一种基于大众认识基础之上的社会行为与认识系统，自身具有很强的系统惯性。社会心态系统惯性具体表现在：对有违大众认识基础之上的社会行为与认识系统以外的事物与观点，根本不理会新观点正确与否或应该采取何种方式来验证，就直接采取高声反对、坚决抵制的排斥态度；为维护现有的地位，甚至不惜采取各种力量打压。公元 1600 年，乔尔丹诺·布鲁诺因为坚持日心说而被坚持地心说的代表传统势力的教会活活烧死。

社会心态虽然具有很强的系统惯性，但并不是一成不变，而是具有很强的可塑性。随着时间的推移，先进的事物、正确的观点会被人不断接受，最终成为主导社会认识与行为的新主流，从而完成从旧社会心态到新社会心态的转变。地心说错误的观点最终被人们所抛弃，现代科学家在日心说的基础上进一步完善了宇宙中心说。

社会心态的转变过程，也是社会逐步接受新生事物的过程，一般要经历怀疑抵制、顾虑茫然、接受认可等几个基本阶段。社会抵制到接纳新生事物有时会经历很长的时间，如上面提到的新宇宙中心说被人们接受经历了数百年时间；有的很短暂，如股市行情周期只有 5~8 年时间，个股行情一般只有几个月。社会心态的转变过程，取决于原有社会心态的系统惯性强度、人们接受新生事物的能力、新生事物的传播能力与速度等各种因素。事实证明，如果通过舆论、教化导向这些手段，能快速、有效地缩短这一进程。

2. 股价集中体现了当前社会心态

社会心理学认为，个体行为是人的心理活动的一种外在具体表现。投资心理学和投资行为学都认为，投资跟所有的社会活动一样，行为主体是人，投资者的股票买卖投资行为与其心理活动密切相关。只有投资者认为股价被低估时，其才会考虑选择买进股票；当投资者认为股价过高时，即会卖出股票。因此，投资者投资行为实际上表达了投资者内心对投资产品的价值判断或价值取向。

如果投资者一致认为某只股票被低估并持续买进，那么，在买盘的推动下，必然导致股价上涨；反之，如果大家一致看空某只股票并持续抛售的话，那么，在抛盘的推动下，必然导致股价下跌。这也是股价变动的最直接原因之一。大众共同的心理活动或价值取向则成为一种社会心态，因此，由社会博弈决定的股票价格，也反映了当前社会投资者对股市及上市公司认可的某种心理。

3. 股市行情与社会心态密切相关

股价、股市行情与投资者的社会心态之间存在极其紧密的相辅相成、循环、互动的正相关性关系。当股价与指数上涨时，会导致投资者投资心态向好的方向转变，并纷纷以各种方式介入股市，与此同时，大量资金的涌入，又会推动股价与指数的进一步上涨。

如图 2-22 所示，2014 年 7 月，上证指数从 2000 点开始出现快速上涨。在股市财富效应的刺激与带动下，场外投资者纷纷携带资金涌入股市，导致沪深两地股市成交量急剧放大，并不断创出新高；在大量新增资金的推动下，到 2014 年 12 月初，上证指数已冲至 3000 点。在短短 90 多个交易日内，上证指数上涨幅度超过 50%，成交量更是放大到低迷时的 15 倍。

反之，股价与指数下跌会诱使投资者投资心态向坏的方向转变，主动抛售股票，导致股价与指数逐步盘跌。

如图 2-23 所示，经过 1 年多的宏观调控和主动性套利抛盘的打压，2011 年 11 月，A 股已出现明显低估，但由于市场人气涣散、交投清淡，在欧美债务危机、人民币汇率回落等因素的影响下，大盘指数还是出现破位下行，上证指数从 2550 点一路快速跌至 2165 点附近。

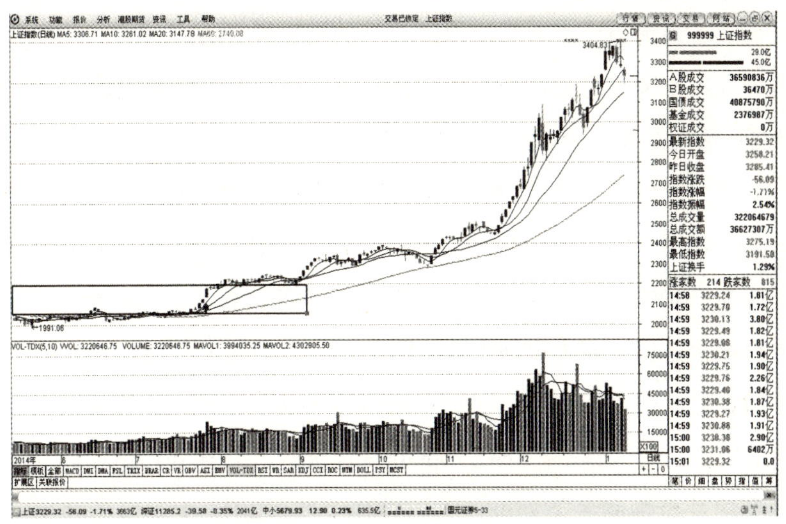


图 2-22 上证指数周 K 线图

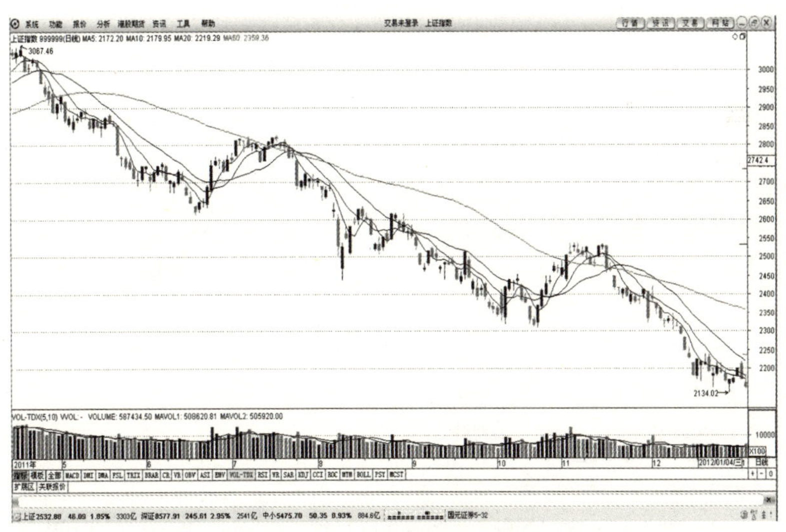


图 2-23 上证指数日 K 线图

因此，股市行情与社会投资者的心态转化彼此存在相辅相成、循环互动、共生的关系。如果没有股价或大盘行情的上涨与下跌，那么投资者社会心态就难以发生改变；如果没有投资者社会心态的整体变化，也不会有股价及股市行情的进一步涨跌。当投资者的社会心态再度稳定时，股价也就稳定地定位在某个稳定态中，也就完成了从一个稳定态到另一个稳定态的运动过程。所以，股市行情与指数集中地反映了当前投资者对股市价值认可的某种社会心态。

正因为股市行情与指数密切相关，我们可以得出第四个推论：

推论 4：通过改变投资者心态能改变股价

我们知道，股价与大盘点位集中地体现了当前的社会心态。有什么样的社会心态，就会出现什么样的股价与大盘点位。那么，通过改变投资者心态，诱导投资者投资行为，就能够改变股价走势与状态。改变投资者心态最有效的途径就是舆论宣传与社会教化。前者短期收效很明显，后者则注重长期收效。

通过社会舆论的大力宣传，能够有效地影响部分非理性投资者的判断，进而改变他们的投资行为。这一点早已被部分机构投资者熟知并广泛加以利用。一些机构充分利用甚至炮制各类利好，大力炒作个股。2013 年，市场利用中央关于文化振兴的口号，大肆炒作传媒股，业绩平平的中青宝（300052）股价竟出现近 10 倍上涨（见图 2–24）。

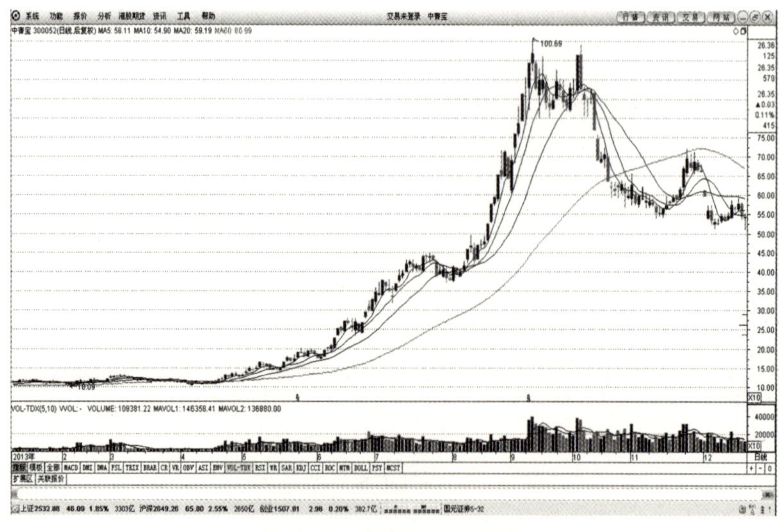


图 2–24 中青宝日 K 线图

# 四、股价稳定态的标识与寻找

在K线图上准确找到、标识稳定态，是灵活分析、运用股价稳定态理论的前提和基础。个股稳定态的表示、标识与寻找其实很简单。

## （一）稳定态的表示与标识

在本书中，我们采用如下方式来标识与表示股价稳定态。

1. 稳定态的表示

在本书中，稳定态用以下几种表达方式表示：

（1）稳定态（X，Y）；

（2）以（X，Y）的稳定态；

（3）X~Y的稳定态。

以上几种表达的都是以下沿价格为X、上沿价格为Y的稳定态。

2. 稳定态的标识

在本书中，在K线图上用长方形来形象地标识股价稳定态。长方形上下两边表示稳定态所在的稳定空间上下轨价格，长方形宽度表示稳定态的存在空间，长方形长度表示稳定态存在的时间。

3. 不稳定态的表示

在本书中，不稳定态用以下几种表达方式表示：

（1）不稳定态（X，Y）；

（2）以（X，Y）的不稳定态；

（3）X~Y的不稳定态。

以上几种表达的都是以下沿价格为X、上沿价格为Y的不稳定态。

## （二）如何寻找标记稳定态

在K线图上准确找到、标记出个股稳定态其实很简单，我们通过如下3个步骤就能实现：

1. 选对K线图

除了最基本的日K线外，常见的还有周、月、45日、季、年等长周期的K线图，以及5分钟、15分钟、30分钟、1小时等短周期的K线图，此外还有不太常用的1分钟、3分钟、3小时等K线图。如果选择周期过长的K线图，那么，则不容易找准稳定态，从而影响到稳定态应用的精度；如果选择周期过短的K线图，那么，则会影响到投资者的视野，同样不利于稳定态的应用。因此，投资者在K线图上寻找、标识稳定态，必须选择对周期合适的K线图。

实践经验告诉我们，为更好地灵活运用股价稳定态理论，不同级别的稳定态可在不同周期的K线图上进行标识。个股主稳定态可在日K线上寻找、标识；次级稳定态可在1小时K线上寻找、标识；更次级的稳定态可在15分钟、30分钟K线上寻找、标识。

2. 确定主稳定态

我们知道，股价在稳定态内股性凝重、涨跌乏力、波动收敛。因此，个股稳定态必定在K线图上长期横盘的地方。选定相应周期的K线图后，可通过股票软件系统提供的功能热键来缩放K线图，找到股价长期横盘的区域。根据寻找的稳定态，这个股价长期横盘的区域对应存在着该股一个稳定态。

在上述长期横盘的区域中，在最近半年的日K线图上，横盘时间最长的那个稳定态才是主稳定态。一般来说，股价在主稳定态内波动会持续30个交易周期以上；相邻两个主稳定态价差要有相当大的相隔（见图2-25）。

3. 使用画图工具

为了便于投资者进行投资分析与决策，现有的很多股票软件，除了提供行情显示、下单交易等功能外，往往还提供各种辅助分析功能。选择其中的画框工具（见图2-26），能很方便地在K线图上画框，标识稳定态。

利用画框工具标识稳定态必须注意如下关键点：

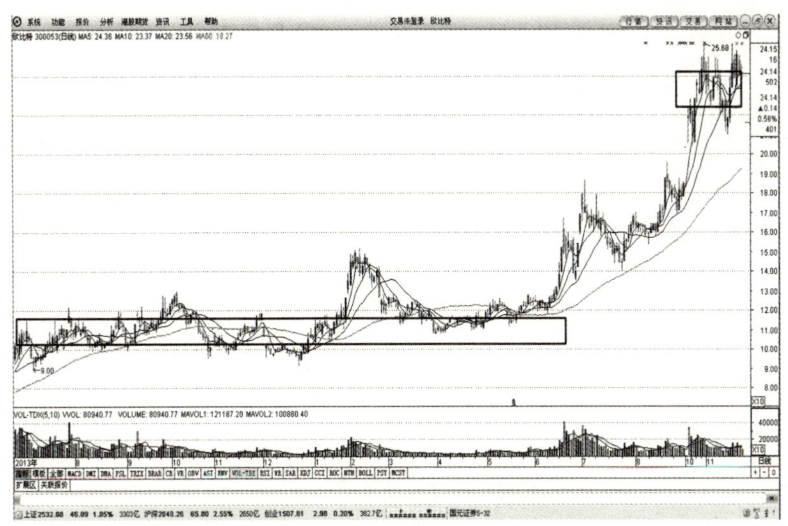

图 2-25　主稳定态价差有大的相隔

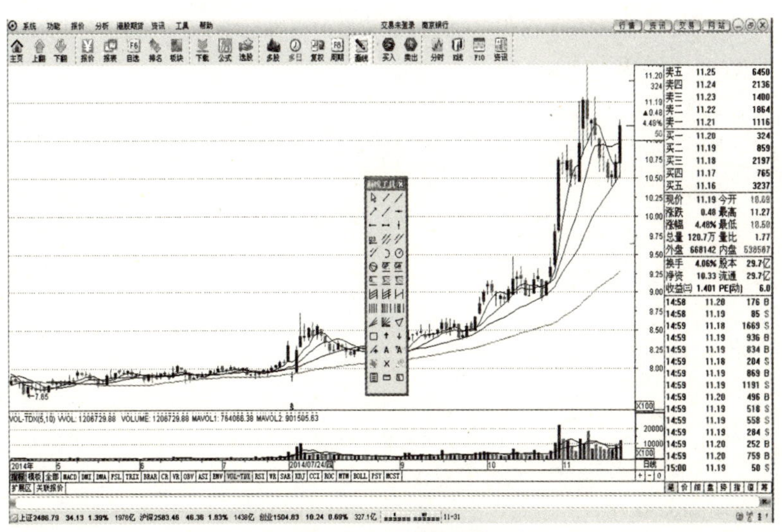

图 2-26　画框工具

（1）长方形框长度为对应的 K 线横轴稳定态起止时间；

（2）长方形框高度为对应的 K 线纵轴稳定态价格空间，并且，价差必须控制在 8%~10%；

（3）长方形框应当将 80%以上的 K 线实体囊括在内。

如果没有画框工具，那么，可通过线段画框来标识稳定态，这样会复杂些。

# 第三章　股价稳定态理论初级应用

本章就初级投资者关心的如何判断行情走势、新股定位、除权等问题，结合笔者实际操作过程中遇到的例子，运用股价稳定态理论，给出定性的看法。除了除权章节部分例子之外，本章案例全部来自笔者实际操盘案例。

## 一、快速准确判定个股大盘后市走势

能准确预见大盘与个股行情后市走势，一直是很多投资者梦寐以求的事，但股市是个异常复杂庞大的社会系统，影响的因素变化多端，要想完全预知后市走势几乎是不可能的。民间更有“能知三日事，富贵几千年”的说法。虽然我们无法准确预知未来股市走势，但并不表明无法对后市走势做出较为接近的预判。对股市走势做出偶尔正确判断的大有人在，而利用股价稳定态理论，则可在某些特定环境下，对股市后市走势做出系统性的判断。

根据股价稳定态理论，大盘及个股后市走势都是由该股当前所处状态决定的。因此，通过分析个股当前所处状态与一些主导因素的变化，就能判定出大盘或个股在今后某段时期内的行情大体走向与变化趋势。

### （一）向高位稳定态运动的个股，后市将攀升

根据股价稳定态理论，无论个股还是大盘，其走势存在明确的目标稳定态。虽然其间会有很多波动曲折，但一旦个股/大盘脱离现有稳定态向更高的稳定态

运动，其目标即进入高位稳定态。由于高位稳定态位于当前股价或点位的更上方，因此，其后市自然会走出一波攀升行情。

## 神话：江铜 CWB1（580026）行权 1 天收益超 100%，半月 200%

1. 行权交易背景

江铜 CWB1 是江西铜业（600362）在 2008 年 10 月 10 日发行可分离式转债派发的权证，根据约定，将在 2010 年 10 月 9 日到期，届时持有江铜 CWB1 的投资者可在最后 5 个交易日选择行权或放弃。最新行权价格为 15.44 元，行权比例为 0.25。

由于 2010 年中秋与国庆长假的原因，江铜 CWB1 提前在 2010 年 9 月 21 日迎来最后一个交易日。在 2010 年 9 月 21 日交易收盘前几分钟，江铜 CWB1 价格在 2.73 元附近徘徊，假设以 2.73 元买进江铜 CWB1，转化成江西铜业的成本为 26.36 元，而当时江西铜业股价高达 29.00 元，存在 11%以上的套利空间。当然，其前提是江西铜业股价在接下来的两个交易日里，不会连续大幅度下跌。

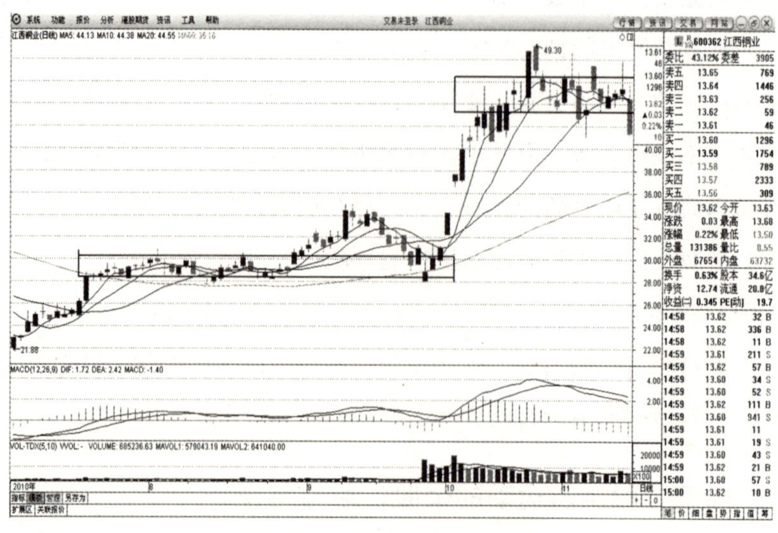


图 3-1　江西铜业日 K 线图

2. 江西铜业后市分析

如图 3-1 所示，根据股市平衡论，在 2010 年 9 月，江西铜业股价已初步脱离（28.20，30.20）元的稳定态，而向更高的稳定态运动，经过研究，可初步判断，江西铜业更高位的目标稳定态在（42.50，45.80）元。[①] 那么，短期内江西铜业股价存在两种可能：

- 回到（28.20，30.20）元的稳定态做日常波动；
- 进入高位的（42.50，45.80）元的目标稳定态。

（1）从走势上看，江西铜业股价已初步脱离（28.20，30.20）元的稳定态，向更高位的（42.50，45.80）元稳定态运动。如果没有近期的解禁股、转股上市的利空因素，江西铜业股价会直接进入（42.50，45.80）元的稳定态。

（2）江西铜业业绩优良，况且存在最近市场炙手可热的稀土题材，因此，后市存在强烈的补涨要求。

（3）最近集中出台的解禁股、转股上市、大盘大跌等市场利空，严重打压江西铜业的股价，一旦利空释放，江西铜业股价必将反转。

（4）江西铜业节前利空出尽，外加中小投资者有轻仓过节的习惯，导致江西铜业股价反应过度，机构通常会反向操作，节后拉升的可能性很大。

（5）在全球主要货币竞相自我贬值的大背景下，有色金属正成为真正的硬通货，全球有色金属价格将会持续上涨，势必推动江西铜业股价上行。

（6）即使江西铜业股价不上涨，也只是回到（28.20，30.20）元的稳定态做日常波动，江西铜业 26.36 元的行权成本，依然有较高的安全边际。

基于以上分析，经过笔者仔细研究，建议大家在 2010 年 9 月 21 日收盘前买入江铜 CWB1 行权，进行行权套利。

3. 套利交易回顾

如表 3-1 所示。

① 详见笔者 2010 年 9 月 9 日微博，http://t.hexun.com/radony/p7/t1/default.html。

**表 3-1 套利交易回顾**

| | |
|---|---|
| 2010 年 9 月 21 日 | 以 2.73 元买入江铜 CWB1（相当于 26.36 元买了江西铜业），江西铜业股价报收 29.49 元 |
| 2010 年 9 月 22 日至 2010 年 9 月 26 日 | 中秋、周末停牌 |
| 2010 年 9 月 27 日 | 江铜 CWB1 行权首日，江西铜业 12 亿多限售股解禁，股价不跌反涨至 31.02 元，观望 |
| 2010 年 9 月 28 日 | 江西铜业行权股上市首日，行权股套利蜂拥而出，但买盘同样强劲，全日成交 1.58 亿股、46 亿元，股价收报 28.93 元 |
| 2010 年 9 月 29 日至 2010 年 9 月 30 日 | 江西铜业持续大幅反弹至 31.12 元，小 V 型反转已形成 |
| 2010 年 10 月 1 日至 2010 年 10 月 7 日 | 国庆、周末停牌 |
| 2010 年 10 月 8 日 | 江铜 CWB1 最后一个行权日，全部行权，江西铜业以涨停收报 34.23 元 |
| 2010 年 10 月 11 日 | 江铜 CWB1 最后一个行权日，全部行权，江西铜业涨停收报 34.23 元 |
| 2010 年 10 月 8 日 | 江西铜业再度涨停，以 37.65 元收报，如以此价抛售，每股可盈利 11.29 元，相对于 10.92 元（=2.73×4）的购权成本，盈利达 103.39% |
| 2010 年 10 月 15 日 | 4 个交易日后，江西铜业冲至 45.60 元接近目标稳定态的上轨 45.80 元 |
| 2010 年 10 月 25 日 | 6 个交易日后，江西铜业再度涨停，报收 48.74 元，此价位已超出目标稳定态的上轨（45.80 元）6.42%。诱多做头迹象很明显 |
| 2010 年 10 月 26 日 | 江西铜业以 49.30 元高开后，一路回落，笔者以前一天涨停价 48.74 元全部抛售，每股获利 22.38 元，相对于 10.92 元购权成本，盈利达 204.95%。至今没有突破 49.30 元高价，完全验证了笔者前一日的判断，创造了笔者理论的经典之战 |

• 第一时间捕捉到 2010 年国庆井喷行情。

2010 年 5~9 月，上证综指一直在（2590，2670）点次级稳定态盘整，存在变盘的内在需要。上证综指于 6 月末虽有个“向下挖坑”的动作，但中国宏观经济全面好转，企业利润在快速增长，决定了大盘只可能向上突破。2010 年 9 月末，在央行加息的强烈预期与美元指数快速走高的多重利空因素打压下，大盘指数出现下挫，但仅打至稳定态的下轨 2590 点附近就止住，拒再下行，强势十分明显。2010 年 9 月 30 日，大盘小幅低开后就在强劲买盘推动下高走，上演强势逼空，午后一直在接近（2590，2670）点稳定态上轨附近，笔者指出“新一轮上攻行情已起来，建议大家尾盘满仓买入，并断言节后大盘高开高走，投资者将被迫追高”①。

①详见笔者 2010 年 9 月 30 日微博，http：//t.hexun.com/radony/p7/t1/default.html。

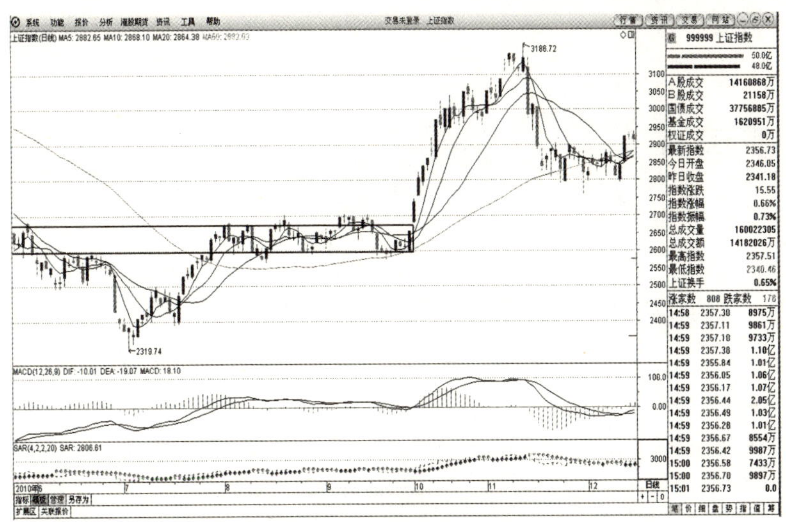


**图 3–2　上证指数日 K 线图**

如图 3–2 所示，2010 年 10 月 8 日国庆长假后，大盘果然高开高走，短短近 20 个交易日大涨 500 多点，走出一波小井喷行情。

## （二）向低位稳定态运动的个股，后市将盘跌

根据股价稳定态理论，如果个股或大盘向更低位稳定态运动，由于目标稳定态位于当前股价或点位的下方，因此，股价或大盘指数后市整体必然出现盘跌。

### 华泰证券（601688）后市还将盘落

华泰证券主营业务证券经纪、投资银行和证券自营及资产管理等业务。是我国排名靠前的券商。2011 年 4 月，华泰证券股价出现破位，并有效击穿（13.80，14.80）元稳定态。那么，该股必然在更低的稳定态上寻求支撑，因此，该股股价后市还将盘落。

如图 3–3 所示，华泰证券股价有效击穿（13.80，14.80）元稳定态后，随后走出了一波盘跌行情。

- 2010 年 11 月初大盘井喷后的快速回落。

至 2010 年 10 月底的短短十几个交易日内，2010 年国庆井喷行情上证指数已累计上涨 500 多点，但指数上涨主要来自权重偏小的有色、煤炭、券商股的推

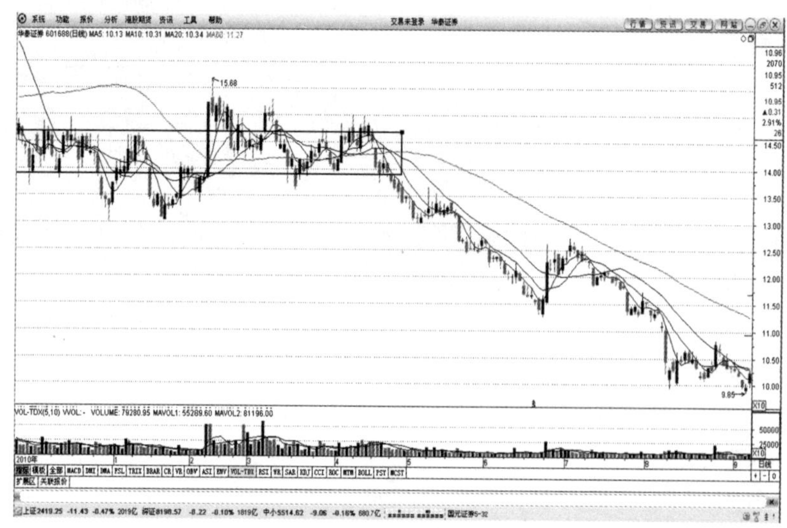

图 3-3　华泰证券日 K 线图

动，而权重较大的银行股上涨至今意愿不足，市场整体的成交量也偏低。因此，笔者认为，大盘的快速上涨不具有可持续性，井喷之后，必然会出现快速下跌，上证指数将跌破年线并在此附近构筑稳定态。面对热情高涨的投资者，笔者在微博上明确指出，股市短期内要大跌①。

图 3-4　上证指数日 K 线图

① 详见笔者 2010 年 10 月 31 日微博，http://t.hexun.com/radony/p7/t1/default.html。

如图 3-4 所示，在笔者的警示发布 1 周后，大盘出现崩盘式下跌，短短 5 个交易日内，上证指数从 3187 点跌至 2824 点，轻松击破 2891 点的年线。

## （三）在稳定态内波动的个股，将会持续震荡

当个股或大盘处在稳定态内做日常波动时，将会持续在其稳定态内宽幅震荡，直到有足够的外部因素改变当前的状态。

### 艾比森（300389）将维持宽幅震荡

艾比森主营 LED 应用产品的研发、生产、销售和服务，受到国家政策支持，业绩优良，2014 年 8 月，上市后就受到社会资金的追捧，股价一路飙升，并进入到（78.00，83.00）元的稳定态。由于此时艾比森绝对股价比较高，估值也相对到位，因此，该股基本在目前稳定态维持宽幅震荡，直到有足以改变当前稳定态的因素出现。

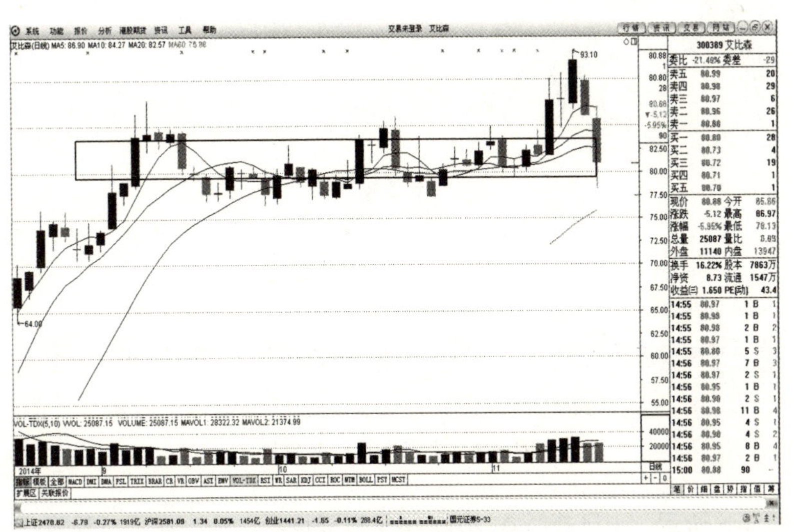

图 3-5　艾比森日 K 线图

如图 3-5 所示，艾比森自 2014 年 8 月底至 11 月中旬，股价一直在（78.00，83.00）元的稳定态内做窄幅波动。

• 2011~2013 年上证多年没大行情。

早在 2011 年年初，笔者就撰文委婉地暗示，中国股市暂时（2 年内）不可能出现较大上涨（进入更高位的稳定态），这是由中国经济基本面、国家政策、股市形态等多种因素共同决定的。

我国在 2008 年年底启动的 4 万亿元投资以及配套的信贷投放，造成 2009 年、2010 年中国大量的货币投放。海量的货币涌出，搅动中国社会的每一个角落，不仅带来中国股市暴涨，也造成商品、原材料等价格的集体飙升。国家被迫进行宏观调控，不断提高存款准备金率来收紧银根，控制通货膨胀。银根一收紧，社会实际利率飙升，大量资金从资本市场回流实业，中国股市应声回落。2011 年年初，上证指数无可奈何地跌破（2810，2890）点稳定态，向下寻求新的支撑。由于我国宏观调控是个长期渐进的漫长过程，决定了中国股市在此期间不会出现大的上涨。

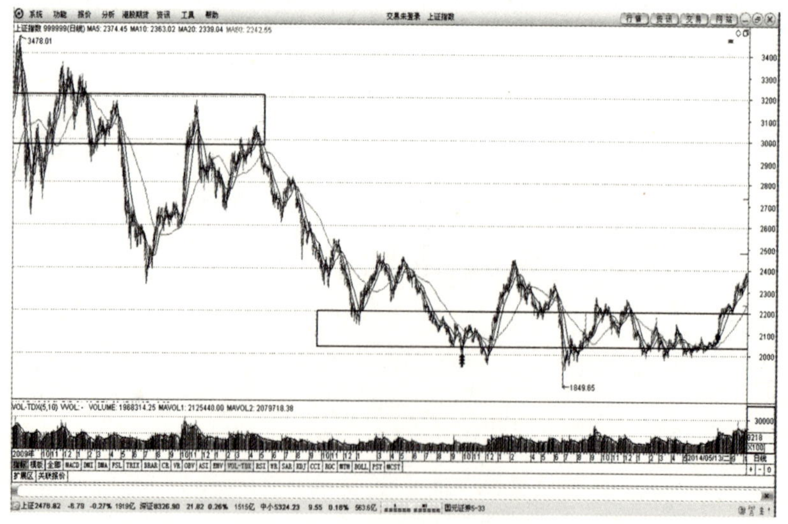


**图 3-6　上证指数日 K 线图**

如图 3-6 所示，上证指数在 2011 年年初破位后，一直在低位稳定态内盘整，直到 2014 年 9 月，才发动上攻行情，而此时我国实行温和的经济刺激计划已有半年多时间。

## 二、如何正确操作个股

很多投资者把自身亏损归结为行情不好，其实这种观点并不完全正确。即使在 2007 年的大牛市里，也有一半投资者没怎么赚钱。“七亏二平一盈”是中国股票投资者的真实写照。因此，广大股票投资者出现亏损，并不完全是行情造成的。行情不好，只是造成广大投资者亏损幅度进一步加大的原因，而非亏损的根源；盲目操作，才是导致投资者亏损累累的总根源。

投资者也常能买到不少好股票，但未能拿住，抛出之后不久，股价就连续不断上窜；而手中拿着的股票，股价却越走越低。在上涨时，不知道股价上涨的目标位，而过早抛售；下跌时，不知道股价的下跌空间，死拿不走或过早补仓。

行为学认为，认识决定行动。广大投资者之所以会听信传言、盲目操作，是因为他们对股价后市走向、股价的涨跌空间等缺乏有效的判断与评估。假如投资者能够对股价后市走向、股价的涨跌空间等有个相对的判断与评估，那么就不可能出现大幅度的亏损。

盲目操作是导致投资者亏损累累的重要原因之一。如何对个股采取正确的操作策略，并进行适当操作，一直是很多投资者面临的难题。正确的操作策略应该是根据个股走势，采取正确理性的分析手段，预判出该股后市走势，据此采取针对性的操作对策。

### （一）对向高位稳定态运动的个股，可逢低买进

对向高位稳定态运动的个股来说，目标是进入位于当前股价更上方的稳定态，股价后市会走出一波攀升行情，对于这类股，应当逢低积极择机买进。

#### 广发证券（000776）1 月轻松翻倍

广发证券是我国知名的证券公司之一，2010 年年初借壳上市时，总股本 25

亿元，流通股仅0.92亿元，经营范围包括证券经纪、证券投资咨询、证券承销与保荐、证券自营、证券资产管理、融资融券等。2010年9月30日，中国A股在有色、煤炭、券商股的带动下引发一波快速小井喷行情。券商是股市行情最大的受益者之一，券商股必定走强；股价最高、流盘子最小的广发证券，或成为券商板块中的龙头。在2010年国庆前，广发证券股价长期在（31.00，34.00）元稳定态内波动。笔者认为，作为券商板块中的龙头股，一旦启动，股价会上攻进入年初的（51.00，54.00）元稳定态，相对当前的31.00元左右的股价，存在翻倍的可能。

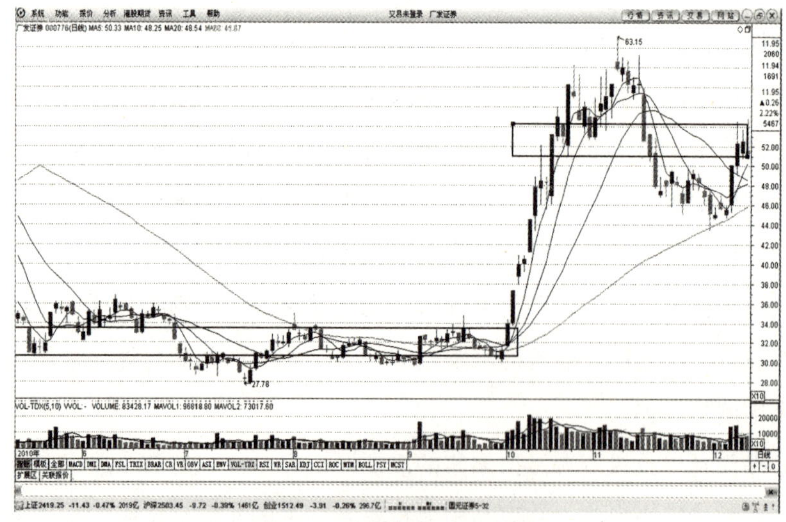

图 3-7　广发证券日 K 线图

果然如笔者所料，如图3-7所示，2010年国庆广发证券开盘后，随即展开一波凌厉的上攻行情，并在2010年11月5日创出63.15元的新高。笔者在2010年10月8日国庆后首个交易日，以31.60元开盘买入广发证券，11月5日以62.00元抛售，前后不到1个月，收益将近翻倍。

## （二）对向低位稳定态运动的个股，应及时离场

对向低位稳定态运动的个股来说，目标是进入位于当前股价下方的稳定态，股价后市势必会盘跌，对于这类股票，应当趁其股价反弹之机及时卖出离场。

## 科斯伍德（300192）早日止损"赚"大钱

科斯伍德主营印刷胶印油墨的生产与销售，是我国油墨的龙头企业之一。2011 年 3 月在深交所创业板挂牌交易。

2011 年 3 月 22 日科斯伍德以 27.00 元开盘，短暂下探至 26.58 元后被强劲的买盘推高至 29.80 元，然后逐步回落，最终以 27.90 元报收。全天换手高达 81.75%，非常充分，股价后市走强的可能性很大。基于以上判断，笔者在次日股价回调到 26.60 元买入。此后，网上爆出科斯伍德改制前鲸吞集体资产的言论。笔者在买入后的第三个交易日，果断在 25.80 元砍仓出局。

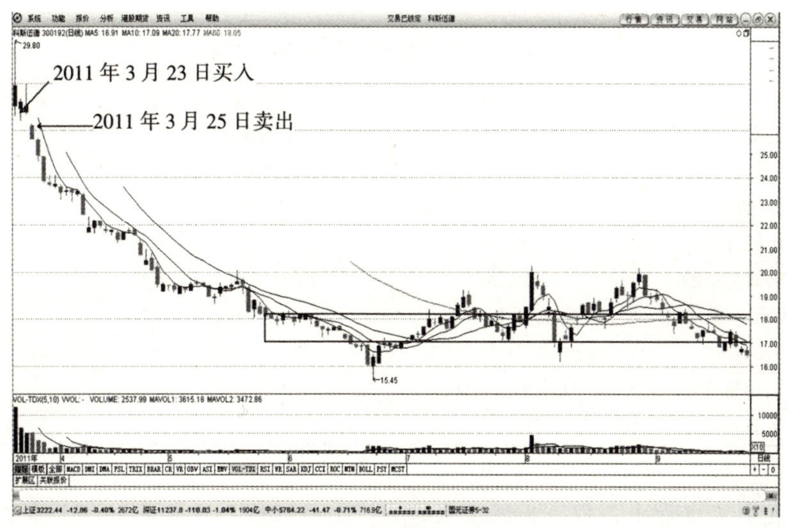


**图 3-8 科斯伍德日 K 线图**

如图 3-8 所示，自笔者砍仓离场后，科斯伍德股价一路走低，并在 2011 年 6 月 23 日创出 15.45 元的低点，此时距笔者砍仓价又跌了 10多元，跌幅近 40%。

### （三）对在稳定态内震荡的个股，宜高抛低吸

当股价正处在某个稳定态内做日常波动时，非常适合高抛低吸操作，积极套取差价。

## 山西证券（002500）2 月弱市机械套利

山西证券经营证券经纪，证券投资咨询，与证券交易、证券投资活动有关的财务顾问，证券承销与保荐，证券自营，证券资产管理等。2010 年 11 月 1 日以每股 7.80 元发行 3.998 亿股 A 股，2010 年 11 月 15 日在深交所中小板挂牌交易，是成为登入中小板的西部券商。

### 山西证券上市定位分析

山西证券与 1 月前刚在上交所主板上市的兴业证券具有一定的可比性，如表 3-2 所示：

**表 3-2　山西证券与兴业证券的对比**

| | 山西证券 | 兴业证券 | 备注 |
|---|---|---|---|
| 总股本 | 23.998 亿股 | 22 亿股 | |
| 前三季度业绩 | 0.13 元 | 0.27 元 | |
| IPO 数量 | 3.998 亿股 | 2.63 亿股 | |
| IPO 价格 | 7.80 元 | 10.00 元 | |
| 上市首日流通股 | 3.2 亿股 | 2.104 亿股 | |
| 上市地点 | 深交所中小板 | 上交所主板 | |
| 上市时间 | 2010 年 11 月 15 日 | 2010 年 10 月 13 日 | 间隔 1 个月 |
| 上市时市场环境 | 大盘开始回落 | 大盘走强上涨 | |
| 上市首日换手率 | 81.11% | 87.72% | |

从表中不难看出，与兴业证券比起来，山西证券总股本略大，上市首日流通股多 50%，但前三季度业绩只有前者的 50%。因此，山西证券的稳定态自然会比兴业证券相应的稳定态要低些，在 10.00~20.00 元应该存在（11.90，12.80）元和（17.20，18.70）元两个稳定态。但由于前一个交易日大盘暴跌、走弱迹象明显，因此，在 2010 年 11 月 14 日山西证券挂牌前一日，笔者就断言山西证券上市后将定位在（11.90，12.80）元的稳定态，并认为如山西证券开盘在 11.50 元以内可满仓买入，开盘超过 13.00 元应该抛售，而开盘在两者之间可适当参与。

2010 年 11 月 15 日山西证券以 12.88 元开盘价挂牌上市，全天在高位横盘成交 2.6 亿股，换手率达 81.11%。鉴于深市具有炒新的传统，笔者以身作则，在尾

图 3-9　山西证券日 K 线图

盘积极买入，拉开山西证券近两个月疯狂套利交易的序幕。

2010 年 11 月 15 日 12.92 元买入；2010 年 11 月 16 日 14.20 元卖出；收益 9.91%；

2010 年 11 月 18 日 11.32 元买入；2010 年 11 月 19 日 12.82 元卖出；收益 13.25%；

2010 年 11 月 23 日 11.76 元买入；2010 年 11 月 24 日 13.10 元卖出；收益 11.39%；

2010 年 11 月 30 日 11.72 元买入；2010 年 12 月 6 日 12.60 元卖出；收益 7.50%；

2010 年 12 月 09 日 11.92 元买入；2010 年 12 月 15 日 12.96 元卖出；收益 8.72%；

2010 年 12 月 20 日 11.90 元买入；2010 年 12 月 6 日 12.92 元卖出；收益 8.57%；

2010 年 12 月 30 日 11.90 元买入；2011 年 1 月 7 日 12.40 元卖出；收益 4.21%。

鉴于山西证券两次冲击稳定态上轨未果，并且套利收益在降低，判断该股走势在转弱，因此终止套利交易。即使按单利计算，7 次套利交易累计收益达

63.55%，超过很多投资者在牛市里的收益。

## 三、轻松应对个股除权

在中国股票市场，送转赠股一直被投资者视作利好题材，一直是市场炒作的热点。但个股送转赠股实施后，即除权后，股价走势却各不相同。有的走出快速上涨行情，俗称填权；有的却出现深幅下跌，俗称贴权。对含权股及除权前后的操作，其实是风险与机会并存的课题。如何把握，对投资者来说是个难题。

当前普遍的看法是，在牛市里，含权股大幅度除权后多会填权，而在熊市里则会贴权，很多人的证券书籍也附和这类观点。其实这种观点较为片面，在熊市里，依然有很多除权股填满权；在牛市里，除权后走贴权的股票也不少。

根据除权前后股价的相互关系，除权后股票走势可分为如下几种情况：

（1）填权：股票除权后，股价出现大幅回升；如果股价回升到除权前的价位，则是填满权。

（2）贴权：股票除权后，股价相对除权价出现大幅度下跌。

（3）平权：股票除权后，基本在除权价位附近波动。

（4）超权：股票除权后，股价填满权后还出现大幅度上涨，不过这种情况比较少见。

股价稳定态理论告诉我们，股价是从属于它的某个稳定态的。因此，除权后股价变化取决于个股价格维持现有稳定态的力度和下个稳定态的价位空间。

个股稳定态是种价格稳定态，与股本改变这种次要的变化无关。当个股维持现有稳定态的力度强烈时，除权后股价会快速填权，重回现有稳定态的价位空间；当个股维持现有稳定态的力度比较弱时，除权个股则会进入低价位空位的稳定态，此时个股则走出小幅填权、不填权，甚至贴权皆有可能；如果个股有摆脱现有稳定态、向更高稳定态运动的意向和动作，那么，该股后市甚至可能走出很罕见的超权行情。

## （一）填权个股应大胆买进

如果股票送转赠股除权后，股价进入除权价上方的稳定态内，股价就会走出填权行情。如果除权后的股价稳定态就在除权前的稳定态，那么，该股就会填满权。

1. 动力源（600405）快速弱市抢权填权

在极度弱市的 2014 年 7 月 7 日，动力源实施 2013 年度 10 送 5 派 0.5 元的利润分配方案，股价发生快速的抢权填权行情。

如图 3-10 所示，由于动力源股价在实施分配方案前就在（11.80，12.60）元构筑了坚实的稳定态，在分配方案实施后，动力源股价回到该稳定态内的可能性非常大。有资金在动力源实施分配方案 1 周前，迅速介入抢权，并在分配方案实施后数天内完成填权。

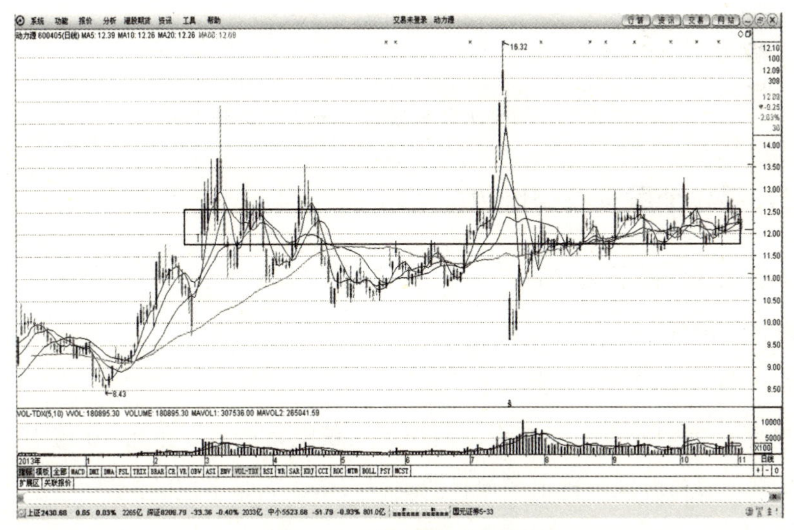

图 3-10　动力源日 K 线图

2. 雅戈尔（600177）暴跌市填满权

雅戈尔于 2007 年 6 月 4 日实施了 10 股转赠 2.5 股分配方案，而此时正值 10 年难见的“5·30”暴跌期间，如此恶劣的市道下，雅戈尔股价却依然能走出快速填满权的行情。

如图 3–11 所示，由于实施了 10 股转赠 2.5 股分配方案，雅戈尔股价刚进入稳定空间为（26.50，29.50）元的稳定态内，此时股票维持现有稳定态的能力和力度很强。因此，即便在除权期间遭遇了 10 年难见的“5·30”暴跌行情，雅戈尔股价却依然能走出快速填满权的行情。

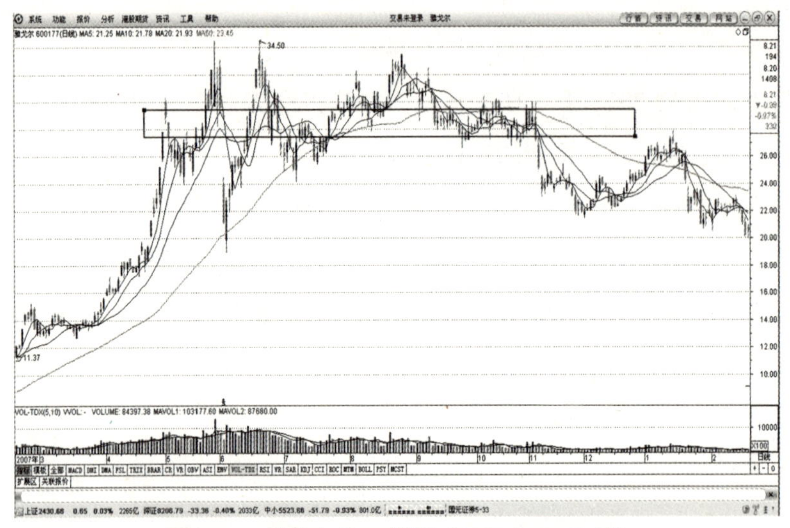

图 3–11　雅戈尔日 K 线图（2007 年 2~10 月）

## （二）平权个股宜高抛低吸

如果股票送转赠股除权后，股价进入的稳定态刚好就在除权价附近，那么，该股后市会走平权。

1. 步步高（002251）牛市近乎平权

2009 年，中国股市牛气冲天，但令人大跌眼镜的是，推出 10 送 10 后高分配的步步高，股价并未出现市场预料的填权行情，而是平权的走势。

如图 3–12 所示，步步高于 2009 年 4 月 17 日实施了 10 送 10 后，该股进入（23.00，25.00）元的稳定态内做日常波动。由于该稳定态就在除权价格附近，因此，即使在 2009 年的牛市里，步步高 10 送 10 走的近乎平权。

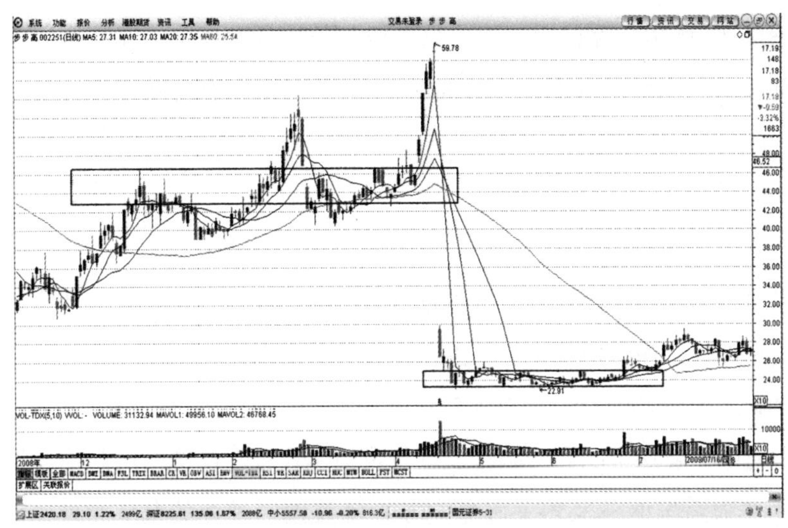

图 3–12　步步高日 K 线图（2007 年 1~11 月）

2. 卫宁软件（300253）小盘强市也平权

卫宁软件主要从事医疗软件研究开发、销售与技术服务业务，并为医疗卫生行业信息化提供整体解决方案，前景非常值得看好，在 2012 年 5 月实施 10 股送 10 股前，流通股本只有 1350 万股，可谓是家典型的小盘高科技上市公司。按理说这样的小盘高科技公司，大比例送股后应会走出大幅填权行情，然而，结果却大大出乎投资者所料，走出平权行情。

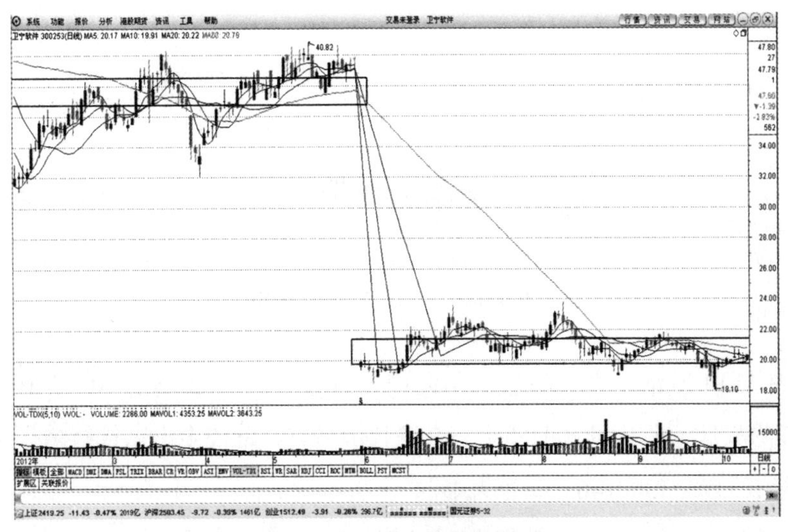

图 3–13　卫宁软件日 K 线图

如图 3-13 所示，除权后，卫宁软件股价长期没有变化，究其原因在于，卫宁软件除权后，刚好进入低位（19.80，21.60）元稳定态内做日常波动，这自然导致卫宁软件平权走势。

## （三）贴权个股及时离场

如果股票送转赠股除权后，股价进入的稳定态在除权价下方，那么，该股后市则会走出贴权，而与板块走势、大盘行情等基本无关。

1. 华谊兄弟（300027）牛市走贴权

华谊兄弟主要从事电影的制作、发行及衍生业务，电视剧的制作、发行及衍生业务，艺人经纪服务及相关服务业务，是我国影视业的龙头企业。2013 年，创业板大牛市，影视股炙手可热，但华谊兄弟在 2013 年 10 月 10 日实施 10 送 10 后，却走出贴权行情。

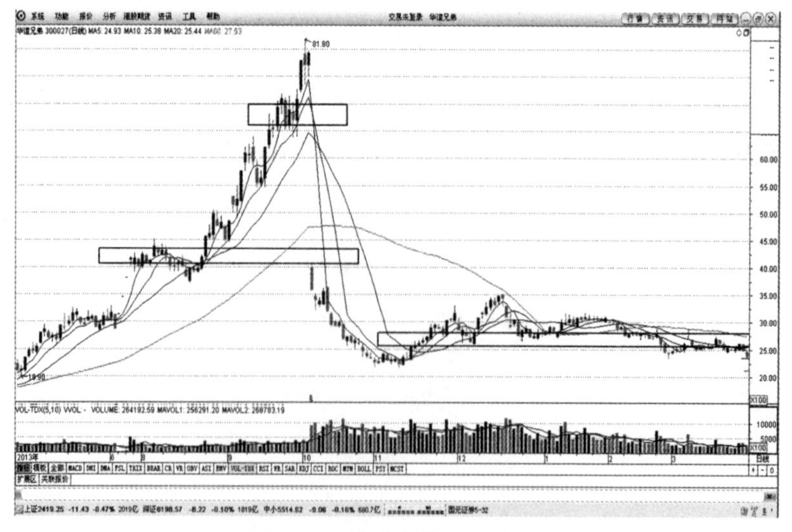

图 3-14　华谊兄弟日 K 线图

如图 3-14 所示，由于华谊兄弟此前上涨过大，在 2013 年 10 月 10 日实施 10 送 10 除权后，股价进入的稳定态在除权价下方，最终走出贴权行情。

2. 汤臣倍健（300146）强市大贴权

汤臣倍健主营业务为膳食营养补充剂的研发、生产和销售，主要产品包括蛋白质粉、多种维生素系列、维生素 C 片、维生素 B 族片、天然维生素 E 软胶囊、维生素 A+D 软胶囊、钙+D 软胶囊、牛初乳钙片、骨胶原高钙片、螺旋藻片、小麦胚芽油软胶囊、深海鱼油软胶囊、金枪鱼油软胶囊、蜂胶软胶囊、角鲨烯软胶囊等在内的 100 多个品种，是中国生物保健龙头企业之一。

如图 3–15 所示，在 2014 年创业板强市中，汤臣倍健在 2014 年 4 月 4 日实施 10 送 10 派 10 的优厚分配方案后，却走出大幅贴权行情。

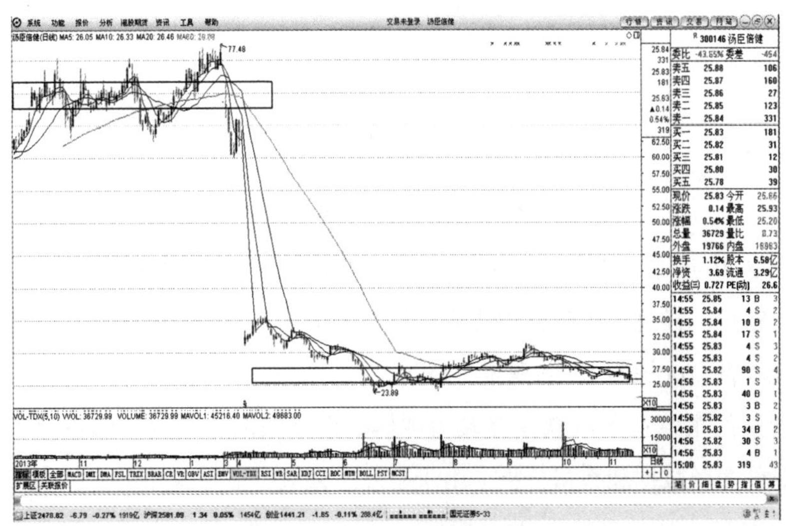


**图 3–15 汤臣倍健日 K 线图**

## （四）超权个股捂住是关键

如果股票送转赠股除权后，股价稳定态出现在除权前股价的上方，那么，该股后市会走出超权走势，不过这种情况比较少见。

1. 同花顺（300033）弱市疯狂超权

同花顺是一家主营网上行情交易系统的开发和维护、金融资讯及数据服务、手机金融信息服务、金融网站资信服务的上市公司，主要产品有网上行情交易系统服务、金融资讯及数据服务和手机金融信息服务等。在创业板明显处于弱市的 2014 年 5 月，公司实施 10 送 10 派 0.6 元分配方案，除权后，该股走出强劲的填权、超权行情。

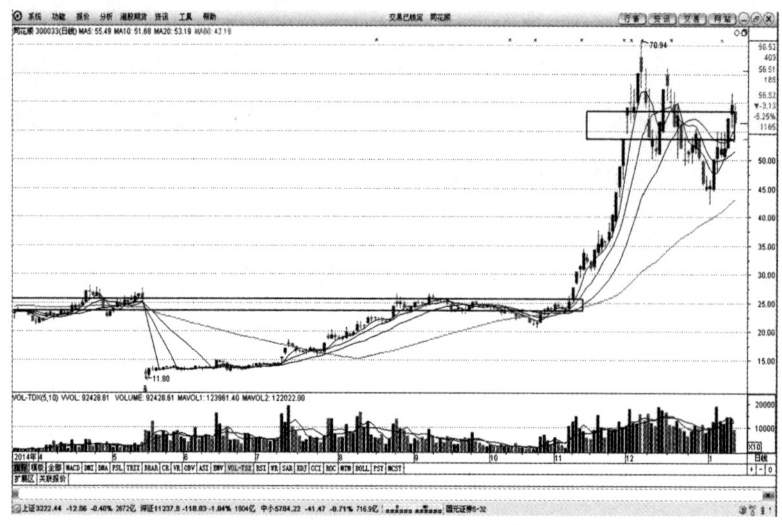

图 3-16 同花顺日 K 线图

如图 3-16 所示，在创业板明显走弱的 2014 年 5 月，同花顺在实施 10 送 10 的分配方案后，经过短暂的整理之后，最终走出了一轮壮观的超权大行情。

2. 大智慧（6001519）大熊市中超权

大智慧的主营业务以软件终端为载体，以互联网为平台，向投资者提供及时、专业的金融数据和数据分析。由于总股本偏大，业绩又不好，二级市场表现一直差强人意。但令大家没想到的是，该股居然在 2013 年主板大熊市里走出一

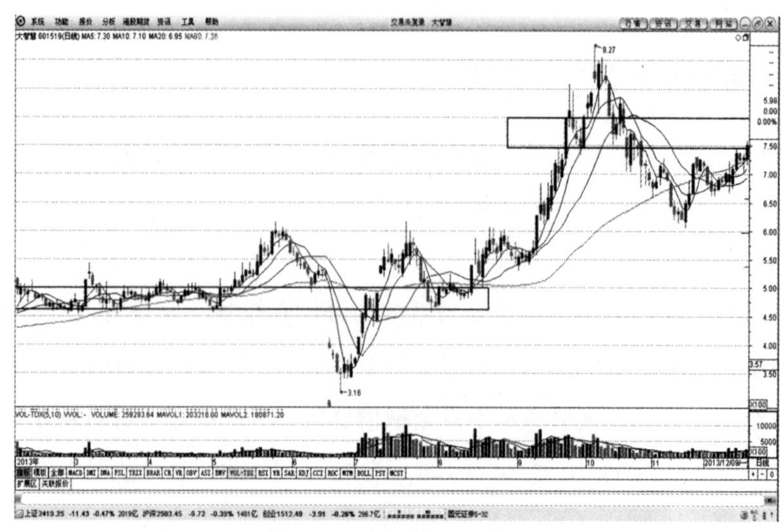

图 3-17 大智慧日 K 线图

轮超权行情。

如图 3–17 所示，大智慧在 2013 年 6 月 20 日实施了 10 送 3 后，该股完全填满权，而且还进一步上涨进入更高的稳定态，最终实现超权。

## 四、判定新股定位有诀窍

新上市股票由于缺乏足够的 K 线和上市初期价格的大幅波动，擅长技术分析的投资者无所适从，而错过盈利机会。此外，新上市股票更被很多投资者视为禁区，甚至有不少投资者谈“新”色变。

其实，大可不必如此，新股与次新股一直是牛股的集中营，有不少新股上市之后，随即走出一轮波澜壮阔的大行情。如 2014 年 10 月上市的兰石重装（603169），以每股 1.68 元的低价发行 1 亿股新股上市，短短 1 个多月就狂涨到 28.57 元，涨幅高达 1700%。那么，新股定位有什么玄机呢？有没有好的评估判断方法呢？

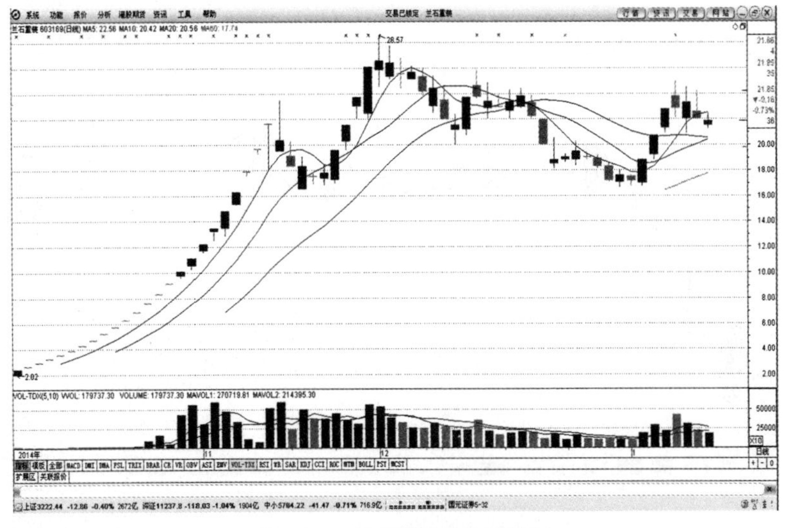


图 3–18　兰石重装日 K 线图

如图 3-18 所示，兰石重装上市短短 1 个多月，股价就狂涨到 28. 57 元，跟 1.68 元的发行价相比，上涨 1700%，谱写了新的新股神话。

股价稳定态理论告诉我们，股价要么处于某个稳定态内，要么处于寻找某个稳定态过程中。新上市股票则是寻找某个稳定态最典型的例子，新上市股票定位主要取决于首日收盘价与上市时的市场环境，而与发行价、市盈率并无多大关系。通过分析新股上市后定位的稳定态，我们就可以判定出新股后市走势，并挖掘出当中蕴藏的潜在机会。

## （一）上市强势，则进入高位稳定态

对新上市股票来说，股价会选择靠近开盘价高低两个稳定态中的某一个定位。如果新股后市能持续走强，那么，其股价就会进入高位的稳定态内。

### 兴业证券（601377）5 天收益超 55%

2010 年 9 月 27 日，兴业证券以每股 10.00 元发行 2.63 亿股 A 股，并在 2010 年 10 月 13 日登陆上海主板。我们认为，邻近兴业证券首日收盘价 14.86 元的稳定态分别是高位的（20.50，21.80）元和低位的（12.20，13.50）元，因此，兴业证券后市会定位于其中的一个。由于 2010 年国庆小井喷行情已全面启动，

图 3-19　兴业证券日 K 线图

因此，笔者认为，兴业证券将定位于高位的（20.50，21.80）元稳定态内，于是建议次日逢低买入，并获得丰厚回报。

如图 3-19 所示，兴业证券上市后就出现一轮大幅上涨，笔者在上市次日早盘趁其大幅低开时，在 14.10 元买入，5 个交易日后在 22.10 元抛售，短短几天就获利 57.44%。

## （二）上市走弱，则跌入低位稳定态

对新上市股票来说，如果新股后市能走弱，那么，其股价则会在邻近开盘价低位的稳定态内寻求支撑。

### 力帆股份（601777）买入次日逃离大杀跌

力帆股份主要从事摩托车、汽车以及通用汽油机的研发、生产及销售。2010 年 11 月 25 日在上海交易所主板挂牌交易。上市后，我们初步判断，力帆股份或进入更靠近收盘价的高位（20.20，21.60）元稳定态，因此，在力帆股份上市次日以 17.10 元买入。第二天，力帆股份继续破位下行，向下寻求支撑的意愿显得非常强烈，在尾盘以 16.75 元价格认赔先行出局。在笔者卖出力帆股份后，其股价一路盘跌，2010 年 12 月 27 日跌破 14.50 元的发行价。笔者的果断及时止损，

图 3-20　力帆股份日 K 线图

逃过了力帆股份一路杀跌。

如图 3-20 所示，力帆股份上市后，股价出现一路盘跌。

## （三）开在稳定态内，后市则横盘震荡

如果新股上市首日成交基本在它的某个主稳定态内，并且收盘在稳定态附近，那么，该股后市会在该稳定态内持续横盘震荡，直到某种外部因素改变这一状态。比较典型的有 2011 年上市的山西证券（002500）、海南橡胶（601118）等。

### 海南橡胶高抛低吸正当时

海南橡胶主营业务为天然橡胶的种植、加工、销售，以及橡胶林木的采伐和销售。海南橡胶 2010 年年底发行 78600 万股，并在 2011 年 1 月 7 日上交所主板挂牌交易。海南橡胶上市之后就进入（10.20，11.10）元的稳定态内，因此，该股上市初期在此出现宽幅震荡走势，很适合做高抛低吸套利交易。

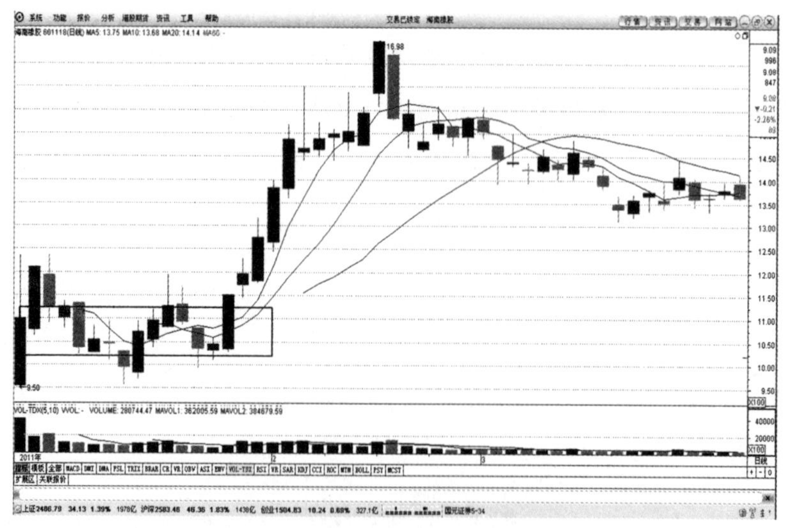

图 3-21　海南橡胶日 K 线图

如图 3-21 所示，海南橡胶上市之后就进入（10.20，11.10）元的稳定态内作宽幅震荡，这段时期内很适合做高抛低吸套利交易。

# 五、快速判别反弹与反转

刚入门的中小投资者都知道，如果股票下跌过程中发生反弹，那意味着后市还要继续下跌；如果发生反转，那么意味着该股将发动新一轮行情。因此，在股价出现回升时就成功判断反弹还是反转，对投资者来说意义非常重大。

但是，以趋势理论为基础的现有技术分析手段并不能在股价出现回升时就马上判断出是反弹还是反转。投资者对股价是反弹还是反转的判断，往往是在股价持续回升一段时间、回升到一定空间后，以能否改变原有的运行趋势为依据。此时即使能正确判断出，对投资者的实际指导意义也已不大。股价稳定态理论赋予股价的反转与反弹新的内涵，并可及时地判断出个股是反转还是反弹。

## （一）后市能进入高位稳定态就是反转

如果个股经历一段时间的盘跌，股价回升是以进入更高位的稳定态为目的，那么，该股后市必然会发动一波上攻行情，就是反转。

因此，股价反转多发生在：

(1) 个股在向更高的稳定态运动过程中，股价遭受抛盘打压后，再发力向上；

(2) 个股出现持续暴跌，向下意外击穿多个稳定态。

## （二）后市回落到低位稳定态只是反弹

如果个股经历盘跌，股价回升是以进入原先破位下行的稳定态，或以进入更低位稳定态为目的，那么，该股只是反弹而已。

股价下跌过程中的小幅回升都属于反弹。

### 案例：反弹与反转

江西铜业股价在 2010 年 10 月和 12 月分别出现了两波比较大的上升行情，

10 月从 28.02 元上涨至 49.30 元，上涨了 21.28 元，涨幅 75.95%，12 月从 32.33 元上涨至 48.58 元，上涨了 16.25 元，涨幅 50.03%。两波行情上涨相差并不很大，但却有本质的区别，因为 10 月行情属于反转行情，而 12 月的上涨只是反弹。

图 3-22 江西铜业日 K 线图

如图 3-22 所示，2010 年 10 月江西铜业是上涨行情，股价快速突破 9 月初 34.98 元的高点，并成功从（28.20，30.00）元的稳定态攻入更高位的（42.00，45.00）元稳定态，这是典型的反转行情；而 12 月江西铜业股价上涨，只是回到了原先破位的（42.00，45.00）元稳定态，因此，只是属于大幅度的反弹而已。

## 六、如何轻松处理套牢盘

中国有句俗语："常在河边走，哪能不湿鞋。"这句话放在股市就是，做股票谁都有可能被套牢。即使是世界上最顶尖的投资交易大师，也都有过买进被套的惨重教训。全球股神巴菲特不仅错过了 20 世纪 90 年代的网络股行情，还有一年管理的基金回报率亏损了 17%；世界超级投机大师索罗斯 1997 年在中国香港铩羽而归。短期行情变化很难预测，想每买必中不被套是不现实的，关键是买进套住该如何正确处理。

在股票交易过程中，如何正确处理套牢盘非常重要，不知道如何正确处理套牢盘不适合做股票。我们认为应当根据具体情况，才能找到正确的处理方式，分别加以处理。

利用本理论，根据追高买入价位与稳定态的位置关系，可将套牢盘分成如下三种类型：

（1）个股向更高的稳定态运动过程中追高被套；

（2）买进股票后，股价破位向更低的稳定态运动；

（3）在某个稳定态内买在高位被套。

根据股价稳定态理论，以上几种情况，个股后市的走势各异。因此，应当针对具体的情况，采取不同的对策进行处理。

### （一）对反转个股应加仓买入

第一种情况是投资者追高买入向更高稳定态运动的个股，股价出现回调而被套在其中。根据股价稳定态理论，处于向更高的稳定态运动过程中的个股，后市股价会再度发力攻入目标在高位的稳定态，在经历短暂的回调之后，一般酝酿更大的上攻行情。因此，股价回调反而给投资者低位买入的机会，此时投资者应当逢低积极加仓。

#### 东吴证券（601555）低位加仓增收益

东吴证券主营证券经纪、投资银行、证券自营、资产管理、基金管理、直接投资等，是我国一家中型券商。2014 年 7 月，中国股市转暖，沪深两地大盘指数出现大涨小回局面，成交量也不断创出新高。股市转暖，受益最大的必定是券商行业，因此，笔者早早就建议大家关注上市的券商。

如图 3-23 所示，2014 年 9 月 24 日东吴证券涨停强力突破（8.30，9.10）元稳定态，出现向更高位的稳定态运动的苗头，笔者建议大家回调买入。2014 年

10月15日东吴证券再度出现中阳线，笔者再度强烈建议回荡至10日均线买入。有客户在建议下于第三天在10.20元买入东吴证券。不想2014年10月28日，券商集体重挫被套，急向笔者寻求对策。笔者认为东吴证券向更高位的稳定态运动已确立，建议客户加仓买入。该客户在笔者建议下，10.00元加仓买入东吴证券，至2014年11月21日，收益已超过50%。

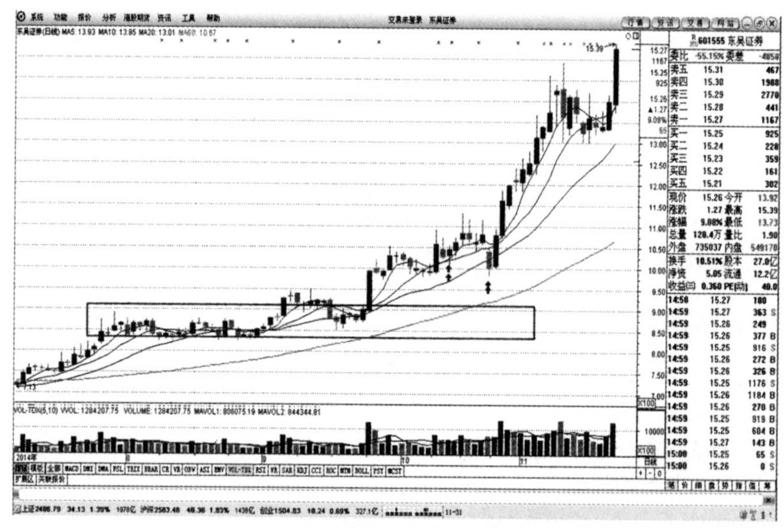

图 3–23 东吴证券日 K 线图

如图3–23显示，在牛市刚启动的2014年下半年，在回调时买入券商，都不会错。

## （二）对反弹个股宜果断卖出

如果投资者买进股票后，股价破位向更低的稳定态运动，股票被套其中。根据股价稳定态理论，个股正处于向低位稳定态运动，后市股价自然会走进逐步盘跌的趋势。因此，即使出现反弹，反弹的空间与幅度也是非常有限的，投资者应当乘机逢高出局，及时止损离场。

### 大连港（601880）跌停板砍仓显英明

大连港主要经营国际和国内货物装卸、运输、中转、仓储等。2010年11月发行15亿股A股，并在上海主板上市交易。

大连港上市首日买盘凶猛、交投活跃，笔者初步判断大连港可能会继续冲高，并在盘中以4.73元买入。次日大幅度低开，卖盘蜂拥而出，彻底改变了股价运行趋势。笔者在跌停板上以4.72元卖出，卖出后，大连港继续走低，1个月后跌破发行价（见图3-24）。

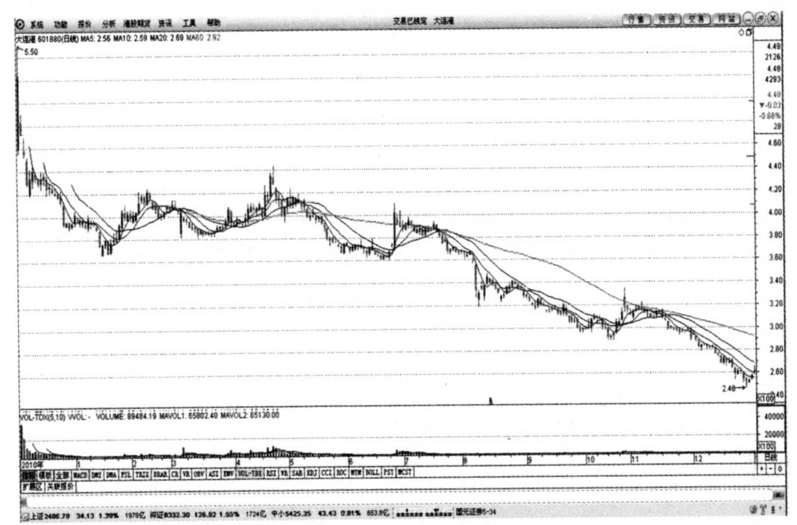

图 3-24 大连港日 K 线图

## （三）对横盘个股应积极交易

如果投资者高位买入在稳定态内震荡的个股，被套其中，根据股价稳定态理论，在稳定态内波动的个股会持续围绕稳定区间做宽幅震荡。此时存在很多交易性机会，应当积极做高抛低吸。

### 超日太阳（002506）高抛低吸享受牛市收益

超日太阳主营研发、生产和销售晶体硅太阳能电池，从事新兴的新能源产业。2010年11月8日以每股36.00元发行6600万股A股，2010年11月18日首批5280万股无限售流通股在深圳中小板挂牌交易。

**图 3–25 超日太阳日 K 线图（复权）**

如图 3–25 所示，超日太阳上市不久，股价在（44.00，47.00）元的稳定态内做宽幅震荡，当时很适合做高抛低吸操作。

超日太阳从事炙手可热的新兴新能源产业，上市前就被众多投资者看好。上市首日，笔者即以集合竞价 45.80 元买入。此后，该股股价当日一直在高位横盘震荡，45.80 元开盘价即是最低价，最高价为 49.37 元，最低价为 47.64 元，全天换手 77.44%。

当日收盘后，笔者经过分析认为，超日太阳定位相对合理，上市首日收盘刚好在它的（44.00，47.00）元的主稳定态内。这决定了该股今后基本在该稳定态内做横盘整理为主，直到有足够的因素导致稳定态改变。因此，该股很适合做高抛低吸操作。

在接下来的交易里，根据超日太阳股价穿出（44.00，47.00）元主稳定态情况，笔者积极进行高抛低吸操作。具体操作如下：

2010 年 11 月 18 日，45.80 元买入；2010 年 11 月 22 日，48.30 元卖出；收益 5.46%；

2010 年 11 月 24 日，43.10 元买入；2010 年 11 月 29 日，48.30 元卖出；收益 12.06%；

2010 年 11 月 30 日，43.80 元买入；2010 年 12 月 3 日，47.40 元卖出；收益 8.22%；

2010 年 12 月 7 日，43.20 元买入；2010 年 12 月 22 日，47.20 元卖出；收益 9.26%；

2010 年 12 月 27 日，43.20 元买入；2011 年 1 月 7 日，47.60 元卖出；收益 10.19%；

2011 年 1 月 25 日，40.70 元买入；2011 年 2 月 14 日，48.10 元卖出，收益 18.18%；

2011 年 3 月 4 日，45.80 元买入；2011 年 3 月 17 日，52.00 元卖出，收益 11.35%。

以上多次高抛低吸交易，累计收益达到 74.72%（不含交易成本），复合收益已达 100%，这个收益已超过很多投资者买到大牛股的收益。对震荡幅度较大的个股，积极高抛低吸交易，完全能享受到牛市的高收益。截至 2010 年年底，超日太阳股价依然围绕（44.00，47.00）元稳定态波动，如果不做积极高抛低吸，开盘买入的投资者依然可能要被套其中。

## 七、全新的牛熊市理念

笔者曾经遇到很多自称是“数浪高手”的技术派分析人士，他们能头头是道地向你讲解以往的 K 线图，但在对后市的判断上与股市的实际走势总是相去甚远，有的甚至大相径庭。这也说明，他们原先数的浪其实都是错的。

影响最大的波浪理论认为，牛市第一阶段与熊市第三阶段的一部分相重合，包括理论创始人在内的投资者也无法明确判断出此时是牛市的第一阶段，还是熊市的第三阶段。股价稳定态理论则可提前清晰地判断出此时是牛市还是熊市，并可在第一时间发出预警。

### （一）牛市：指数从低位稳定态向高位稳定态运动

根据股价稳定态理论，股价总是从一个稳定态运动到另一个稳定态，大盘指数也一样，也是从一个稳定态运动到另一个稳定态。只要是大盘指数正从低位主稳定态向一个更高位主稳定态运动，那么，我们就可以认为大盘处于牛市中，如2009年，上证指数从（1820，2010）点稳定态，运动到（2980，3180）点也是一轮牛市。大盘指数脱离当期稳定态开始之际，就是牛市开始之时。如果大盘指数能够连续向上穿越多个稳定态，那么就是大牛市，如2005~2007年A股大涨行情。

运用这种方法，我提前预见到2007年上半年大盘猛烈上攻行情以及2009年上半年大盘近乎翻倍行情。

- 2009年股市大涨也是一轮牛市。

在2008年年底4万亿元投资的刺激下，中国股市在2009年走出一波大幅上涨行情，上证指数从2008年10月底的1664点上涨到2009年8月初的3478点，涨幅近110%；深证成指也从5577点低位上扬至14000点附近，涨幅达180%。除了部分大盘指标股外，上涨两三倍的个股比比皆是，不少个股上涨更有5~6倍之多。

传统技术分析认为，2009年中国股市只是对2008年大熊市的某种修正，是反弹。那么，抱着这样理念的投资者必定会错过短期内上涨数倍的投资机会，而这种机会即使在牛市里也是难以轻松把握的。根据股价稳定态理论，大盘指数（1820，2010）点稳定态运动到（2980，3180）点也是一轮牛市。因此，我们一早就认为是牛市，并在2009年1月上证综指1900附近时就积极介入，坐享一轮盛大的个股上涨行情。

如图3-26所示，在2009年股市上涨行情中，上证指数从低位（1820，2010）点稳定态，运动到高位（2980，3180）点，也是一轮牛市。

### （二）熊市：指数从高位稳定态向低位稳定态运动

如果大盘指数正从高位稳定态向低位稳定态运动，那么，我们就可以认为大盘处于熊市当中。大盘跌破当期稳定态开始之时，就是熊市开始之际。如果指数

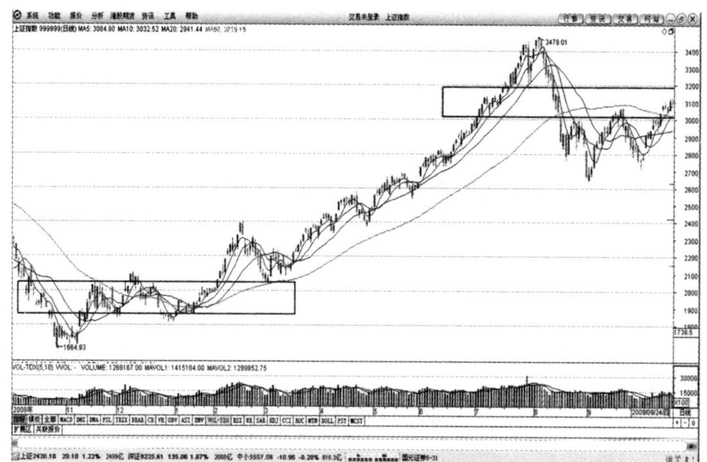

图 3-26 上证综指日 K 线图

向下击穿多个稳定态，则是大熊市。

运用这种判断方法，笔者早在 2008 年 1 月上证指数跌破（4950，5350）点稳定态之际，以及 2011 年 5 月上证指数在（2980，3180）点稳定态下方杀跌时，就断言大盘可能要走向绵绵熊途。

• 2011 年 5 月大盘破位即走熊途。

2011 年 5 月上证指数在横盘近两年的（2980，3180）点稳定态下方杀跌，就标志着股市走向漫长熊途。

图 3-27 上证综指日 K 线图

如图 3-27 所示，上证指数从高位的（2980，3180）点稳定态，运动到低位的稳定态，也是一轮熊市。

## 八、个股与大盘的下个稳定态

股价稳定态理论可以很好地解决投资者在日常交易过程中面临的各种难题，因此，有很多读者急于知道个股或大盘的下个稳定态在哪里？有道是兵无常势、水无常形，由于个股数量众多、盘子大小不一、基本面千差万别、突发因素变化多端，这决定了各个股票股价稳定态是各不相同的，但个股或大盘下个稳定态出现的位置也并非无规律可循。

### （一）个股下个高位稳定态

一般情况下，个股在上涨过程中，下个高位主稳定态出现在该当前主稳定态上方 60%~120%不等的位置。

图 3-28 川投能源日 K 线图

如图 3-28 所示，川投能源（600674）在 2014 年从 11.00 元一带的稳定态，上攻进入 17.00 元一带的稳定态。高位目标稳定态出现在原来稳定态上方 60% 附近。

### （二）个股下个低位稳定态

一般情况下，个股在上涨过程中，下个高位主稳定态出现在该当前主稳定态上方 70%~120%不等的位置；而在下跌过程中，个股下个低位主稳定态出现在该当前主稳定态下方 60%~65%附近。

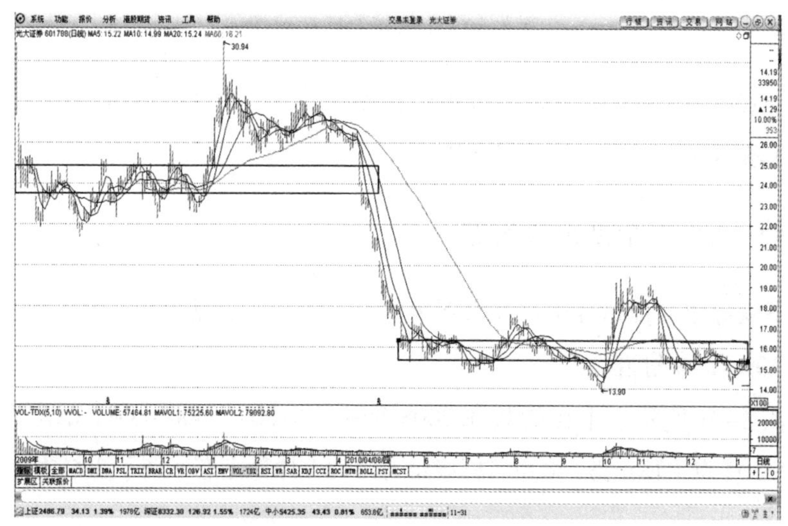

**图 3-29　光大证券日 K 线图**

如图 3-29 所示，光大证券（601788）在 2010 年从高位的（23.40，24.80）元稳定态，下跌进入低位（15.20，16.20）元的稳定态。低位目标稳定态在原稳定态下方 64%附近。

### （三）大盘下个高位稳定态

相对于个股，大盘下个稳定态出现的位置幅度要小得多。大盘在上涨过程中，下个高位主稳定态通常出现在该当前主稳定态上方的 40%~60%。

如图 3-30 所示，上证指数在 2007 年从（2700，2900）点稳定态，攻入

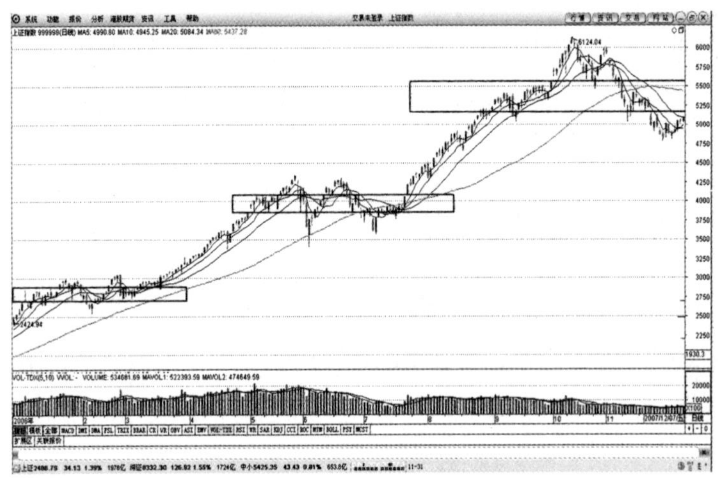

图 3-30 上证指数日 K 线图

（3860，4120）点主稳定态，经过短暂盘整又攻入（5100，5400）点主稳定态。前一轮上涨近 40%，后一轮上涨 35%左右。

## （四）大盘下个低位稳定态

在下跌寻求支撑过程中，大盘下个低位主稳定态通常出现在该当前主稳定态下方的 30%~35%附近。

如图 3-31 所示，上证指数在 2008 年从（5180，5500）点主稳定态，跌入（3400,3620）点主稳定态，低位目标稳定态出现在原稳定态回调了 35%附近的位置。

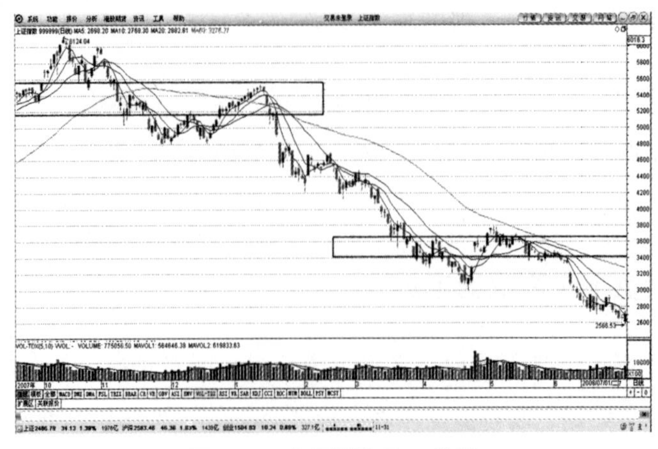

图 3-31 上证指数日 K 线图

# 第四章　股价稳定态理论高级应用

本章就投资者最关心的包括最佳买卖点、逃顶、估算涨跌空间、除权操作等，运用股价稳定态理论，提出独特的观点与看法。如果说初级应用只是就证券涨跌方向做定性的研究判断，那么，本章则是对证券涨跌空间做深层次的定量研究分析。

## 一、个股大盘涨跌空间与幅度可估算

股市有句谚语，“会买是徒弟，会卖才是师傅”，这说明卖股要比买股票要难得多。投资者买到好股很正常，但在什么时候卖出却很有讲究。笔者经常听到投资者抱怨“好不容易买到了好股票，却拿不住”，有点小小的盈利就过早地急匆匆地抛售了；而对套住的股票，却抱着侥幸的心理，死死握住不放，甚至盲目补仓，以至于越套越深、越陷越多，最终亏损累累。究其原因，当股票上涨时，投资者不知道上涨目标在哪；当股票下跌时，不知道下跌空间多少。

根据股价稳定态理论，股价总是从一个稳定态运动到另一个稳定态。因此，股价上涨、下跌空间其实是由该股股价相邻的两个稳定态的位置直接决定的。因此，它的上涨或下跌空间其实是明确的。

### （一）如何估算股价大盘上涨空间与幅度

根据股价稳定态理论，股价/大盘总是从一个稳定态运动到另一个稳定态。

因此，个股股价一旦脱离现有的稳定态，向处于更高位的目标稳定态运动趋势正式形成，那么，一般情况下，个股后市最终会进入高位的目标稳定态，股价至少会上涨到目标稳定态的稳定空间上轨。

由此，我们可以很容易地计算出个股上涨空间与幅度：

股价后市上涨空间=目标稳定态稳定空间上轨-当前股票价格；

股价后市上涨幅度=股价后市上涨空间÷当前股票价格×100%；

股价整体上涨空间=目标稳定态上轨-原有稳定态上轨；

股价整体上涨幅度=股价整体上涨空间÷原有稳定态上轨×100%。

大盘上涨空间与幅度计算只需将以上公式中股价换成大盘点位即可。

笔者运用股价稳定态理论，多次成功地预测到个股上涨空间与幅度。比较典型的是在2010年10月，对当时火爆的稀土永磁概念股的集中预测。此外，非常准确地测算到中钢天源（002057）、太原刚玉（000495）等个股的上涨空间与幅度。

1. 中钢天源连续7天冲击涨停

中钢天源主营磁性材料、磁器件、磁分离及相关配套设备研发、生产与销售，自2006年上市以来一直业绩平平，二级市场表现也很一般。2010年10月初，国家谋划对稀土资源进行战略规划和收储，稀土类个股闻风而动，集体大涨，至10月下旬，市场热点转向相关的永磁类个股。

2010年10月22日早上，中钢天源放量突破（16.20，17.60）元的稳定态，当即引发笔者的强烈关注，认为该股会进入更高位的稳定态内。后经过笔者仔细分析认为，该股下个稳定态预计出现在（30.80，32.80）元附近。那么，即使按当日涨停收盘价19.36元计算，该股后市还会有近70%的涨幅，值得参与，并建议大家参与①。

如图4-1所示，该股自笔者推荐日起，出现连续7天冲击到涨停板。8个交易日后的2010年11月2日，该股已创出34.18元的新高。自笔者公开推荐后累计上涨近76.55%，如按中钢天源（16.20，17.60）元的稳定态上轨计算，该股累计上涨了94.20%。

① 参见笔者2010年10月23日微博：http://t.hexun.com/radony/p1/t1/default.htm。

图 4-1　中钢天源日 K 线图

2. 太原刚玉三周大涨 130%

太原刚玉主营稀土永磁材料与制品，棕刚玉系列产品，物流设备与控制和信息系统，金刚石制品及磨具的生产、销售、研发和技术服务等。太原刚玉与中钢天源非常类似，受行业影响，自上市以来也是一直业绩平平，二级市场表现很一般。

受国家谋划对稀土资源进行战略规划和收储的影响，2010 年 10 月 21 日，太原刚玉股价放量突破（10.30，11.50）元的稳定态，出现快速启动迹象。笔者在微博指出，太原刚玉下个稳定态预计在（16.80，18.50）元附近①。该股自 2010 年 10 月 29 日至 2010 年 11 月 3 日因异常波动的停牌，进一步刺激该股上涨。笔者在 2010 年 11 月 5 日将太原刚玉短线目标稳定态提升至（21.80，23.50）元，并指出股价有望冲击 27 元②。该股后市走势基本如笔者所料，2010 年 11 月 19 日已冲击至 26.38 元。太原刚玉自笔者公开推荐以来快速上涨 13.53 元，涨幅达 105.29%（见图 4-2）。

① 参见笔者 2010 年 10 月 23 日微博，http://t.hexun.com/radony/p1/t1/default.html。

② 参见笔者 2010 年 11 月 5 日微博，http://t.hexun.com/radony/p1/t1/default.html。

图 4-2　太原刚玉日 K 线图

## （二）如何估算股价大盘下跌空间与幅度

根据股价稳定态理论，一旦股价脱离原有稳定态，向处于更低价位目标稳定态运动的趋势确立，那么，一般情况下，股价后市会击穿目标稳定态的稳定价格空间下沿。因此，股价整体下跌空间与股价后市下跌空间可达：

股价预期下跌空间=原来稳定态的稳定空间价格中沿-目标稳定态的稳定空间价格下沿；

股价预期下跌幅度=（原来稳定态的稳定空间价格中沿-目标稳定态的稳定空间价格下沿）÷原来稳定态的稳定空间价格下沿×100%；

股价后市下跌空间=现在股票价格-目标稳定态稳定空间价格下沿；

股价后市下跌空间=（现在股票价格-目标稳定态稳定空间价格下沿）÷现在股票价格×100%。

大盘下跌空间与幅度计算只需将以上公式中股价换成大盘点位即可。

### 融券卖空江西铜业每股套利 15 元

我国在 2010 年 3 月推出融券业务，这给投资者在弱市中融券做空套利提供了可能。2010 年 4 月，沪深 300 股指期货正式推出后，由于主动性套利交易的存在，沪深两地大盘走弱，个股纷纷破位下行，也给融券做空套利提供了机会。

当时，江铜 CWB1 权证一度出现 10%以上的负溢价，这意味着如果投资者融券卖出江西铜业，同时买入相应的江铜 CWB1 权证，并用在 2010 年 10 月 9 日到期前行权获得的江西铜业股票归还券商，则可实现 10%的无风险套利；况且，当时江西铜业已初现跌破（39.00，42.00）元稳定态而向低位稳定态运行趋势，此时做空，风险很小。因此，笔者在 2010 年 4 月制定了进行融券卖空江西铜业的套利方案。

套利方案基本思想如下：

（1）融券卖出 x 股江西铜业，同时买入 4x 份江铜 CWB1 权证进行风险对冲。

（2）如果江西铜业股价上涨导致套利出现亏损，则在江铜 CWB1 2010 年 10 月 9 日到期后，用行权获得的江西铜业股票归还券商，套取 10%的负溢价收益。

（3）如果在 2010 年 10 月 9 日前，套利方案出现盈利，则可根据时机随时终结套利计划，兑现收益。

根据方案，笔者于 2010 年 4 月 15 日融券在 38.10 元卖出江西铜业，到 2010 年 7 月，江西铜业已跌至 22.00 元附近，江铜 CWB1 权证也趋于 0 溢价。由于继续进行卖空的意义也不大，所以 2010 年 7 月 7 日在 22.80 元附近买进江西铜业归还券商，结束本次融券套利。在不到 3 个月的时间内，股票套利达 15.30 元（=38.10−22.80），收益率为 40.16%（=15.30÷38.10×100%），在弱市中能取得这样的收益是相当不容易的。

如图 4-3 所示，江西铜业股价在 2010 年年初出现一轮杀跌，有条件的投资者可买入江铜 CWB1 权证、融券做空江西铜业股票进行套利交易。

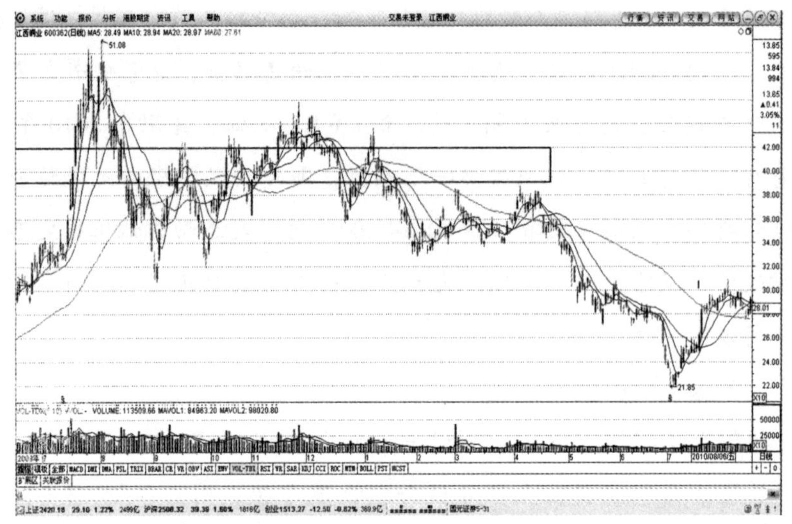

图 4-3 江西铜业日 K 线图

# 二、计算大盘个股震荡空间很简单

我们知道，当股价正处在某个稳定态中时，股价会围绕稳定态的稳定价格空间反复震荡。因此，此时个股存在很多交易性机会，非常适合做高抛低吸。如果投资者操作节奏合拍，累计收益甚至可超过股价上升波段的收益。

要做好高抛低吸操作，前提是要把握好个股的上下震荡空间。当前，虽然有些技术理论也在这方面做了很多有益的探索，如箱体理论等，但在实战指导中存在很多缺陷与不足。运用股价稳定态理论，则可以很好地解决这一问题。

## （一）个股股价的震荡空间

根据股价稳定态理论，当股价正处在某个稳定态内时，股价主要围绕稳定态的稳定价格空间反复上下震荡波动。因此，股价的震荡空间与稳定态的稳定价格空间直接相关。

稳定态的稳定空间大小如下：

股价稳定空间大小=稳定态的稳定价格空间上沿-稳定态的稳定价格空间下沿

通常，个股股价稳定空间在 8%~12%，但股价在围绕稳定态稳定价格空间反复震荡的过程中，经常会穿出稳定态价格空间。一般情况下，个股会上下穿出 3%~5%，累积在 10%左右，因此，大多数个股震荡空间在 18%左右，高的超过 30%也很正常，与个股流通盘大小、股性与题材等直接相关。

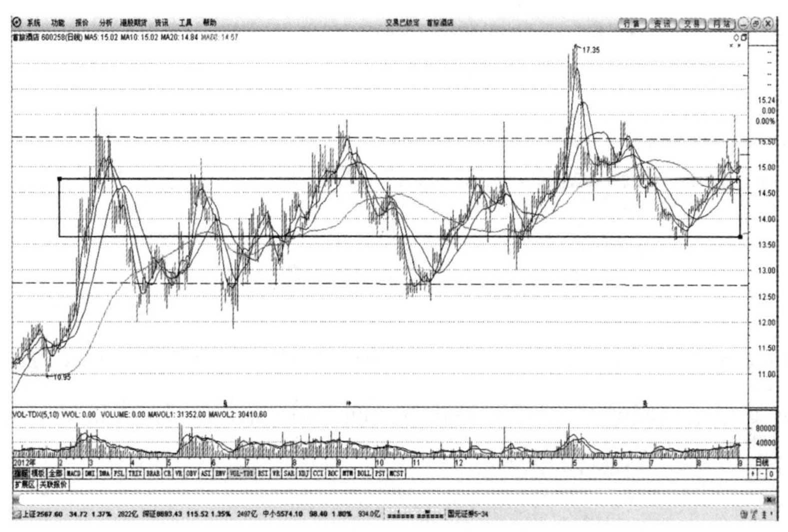

图 4-4 首旅酒店日 K 线图

如图 4-4 所示，首旅酒店（600258）在（13.60，14.80）元稳定态的稳定空间仅为：

稳定空间 = 稳定态的稳定价格空间上沿-稳定态的稳定价格空间下沿

= 14.80–13.80

= 1.20（元）（约 8.5%）

首旅酒店在（13.60，14.80）元稳定态的震荡空间高达 2.80，震荡幅度超过 20%。

## （二）大盘指数的震荡空间

相对个股来说，大盘的稳定空间也相对窄些，通常只有 5%~7%；波动空间与幅度也要小很多，上下穿出 2%~3%，累积在 5%左右。因此，大盘在稳定态内整体震荡空间通常在 8%~12%。

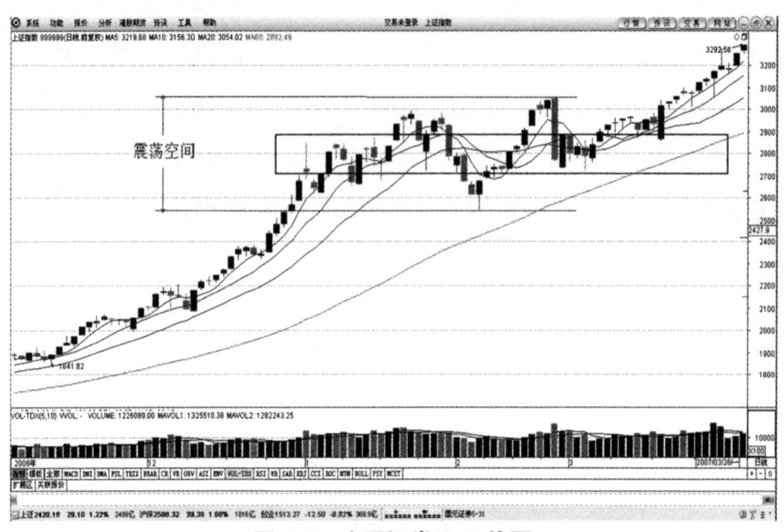


**图 4-5　山西证券日 K 线图**

如图 4-5 所示，上证指数在当前（2710，2870）点的稳定空间仅为：

稳定态稳定空间=稳定态的稳定指数空间上沿-稳定态的稳定指数空间下沿

=2870-2710

=160（点）(约 7%)

上证指数在当前波动则达到 280 点左右，震荡幅度接近 10%。

## 三、轻松高抛低吸有诀窍

根据股价稳定态理论，个股股价大部分时间在稳定态内做日常波动。此时，股价虽然没有大的波动，但存在很多交易性机会。对投资者来说，很适合做高抛低吸。运用股价稳定态理论，可以轻松地帮助投资者做好高抛低吸操作。

### （一）稳定态上下轨的实质

从 K 线图上看，股价稳定态稳定空间是个标准的矩形，矩形的上、下沿分别称为稳定态的上轨和稳定态的下轨。

从博弈的角度看，稳定态下轨是由于股价一旦回到这个价位，就会遭到多头的抵抗而形成的，稳定态下轨实质上是多方防守线。同理，稳定态上轨则是因为股价一旦冲高到这个价位，就会遭到多头抛压形成的，稳定态上轨是空方防守线。因此，稳定态上、下轨对投资者的买卖操作过程来说，具有非常重大的意义。

### （二）高抛低吸的点位选择

在稳定态内波动的个股，一旦股价向下击穿稳定态下轨，则会遭到多头的抵抗，股价就有回到稳定态内的要求。一般来说，股价在稳定态下轨下方 2%~3% 处时，会遭到多头的强力反击。因此，此处就是低吸的很好点位。

同理，在稳定态内波动的个股，一旦股价向上冲出稳定态上轨，则会遭到空头的抵抗，股价就有回到稳定态内的要求。一般来说，股价在稳定态上轨下方 2%~3%处时，会遭到空头的强力反击。因此，此处就是高抛的很好点位。

对投资者来说，只要买卖点把握得当，一个操作来回下来，可以获得 10%~12%的低风险收益。如此反复操作，收益可跟牛市里的收益相媲美。在 2010 年最后 2 个月行情疲软的大市里，笔者就在山西证券上不断高抛低吸，获得了很好的收益。

#### 山西证券高抛低吸套利显神威

在山西证券挂牌前，笔者就断言山西证券上市后将定位在（11.90，12.80）元的稳定态（见图 4-6），并建议如山西证券开盘在 11.50 元以内可满仓买入，开盘超过 13.00 元应该抛售，而开盘在两者之间可适当参与。果然如笔者所料，2010 年 11 月 15 日山西证券以 12.88 元开盘价挂牌上市，全天在高位横盘成交 2.6 亿股，换手率达 81.11%。鉴于深市具有炒新的传统，笔者以身作则，建议客户尾盘积极介入，拉开山西证券近 2 个月疯狂套利交易的序幕。

如图 4-6 所示，山西证券上市后不久，股价一直在（11.90，12.80）元的稳定态内做剧烈震荡。此时交易性机会很多，很适合交易高手做高抛低吸套利交易。

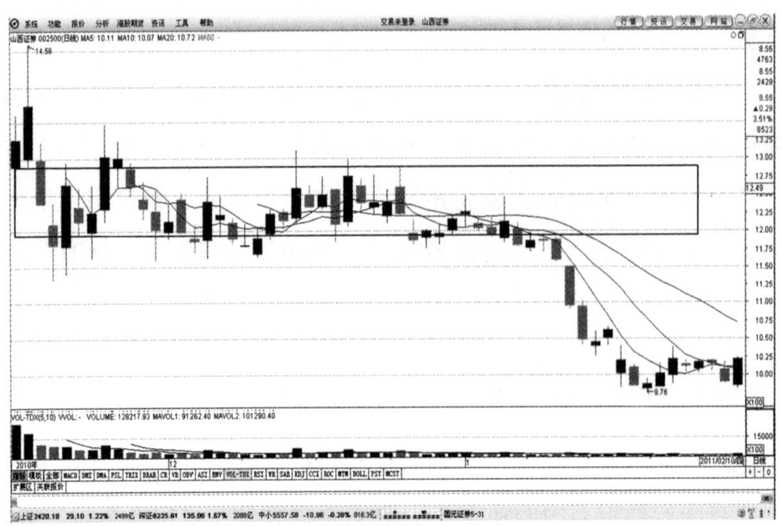

图 4-6　山西证券日 K 线图

2010 年，笔者山西证券套利交易整个过程如下：

2010 年 11 月 15 日，尾盘以 12.92 元买入；

2010 年 11 月 16 日，次日盘中快速拉升，以 14.20 元卖出，收益 9.91%；

2010 年 11 月 18 日，在跌停板处以 11.32 元买入；

2010 年 11 月 19 日，在稳定空间上轨附近 12.82 元卖出，收益 13.25%；

2010 年 11 月 23 日，在稳定空间下轨附近 11.76 元买入；

2010 年 11 月 24 日，在稳定空间上轨上方 13.10 元卖出，收益 11.39%；

2010 年 11 月 30 日，在稳定空间下轨附近 11.72 元买入；

2010 年 12 月 6 日，在稳定空间上轨附近 12.60 元卖出，收益 7.50%；

2010 年 12 月 9 日，在稳定空间下轨附近 11.92 元买入；

2010 年 12 月 15 日，在稳定空间上轨附近 12.96 元卖出，收益 8.72%；

2010 年 12 月 20 日，在稳定空间下轨附近 11.90 买入；

2010 年 12 月 6 日，在稳定空间上轨附近 12.92 元卖出，收益 8.57%；

2010 年 12 月 30 日，在稳定空间下轨附近 11.90 元买入；

2011 年 1 月 7 日，鉴于山西证券两次冲击稳定态上轨未果，在 12.40 元卖出，收益 4.21%。

以上 7 次套利交易，累计收益单利达 63.55%，复利达 80%。在两个月内实现这样的收益，可以跟不少投资者牛市里的收益相媲美。

## 四、如何轻松地抛在高位

低买高卖，一直是很多交易者梦寐以求的事。但要在最低价买进、最高价卖出是不可能的；但买在相对低的价位、抛在相对高的位置，并非不可能。运用股价稳定态理论，能很好地帮助投资者将股票抛在离顶点相当近的高位。

### （一）头部和顶部

一轮典型的行情后，个股股价在高位稳定态通常会出现 3 处峰值，在 K 线上形成向上隆起突出的头部，我们分别称之为左头、中头、右头。每轮行情中，所有个股最高价就出现在这三个头部中。

由于左头、中头、右头有时在 K 线图上形如人状，因此，又被很多技术人士称为左肩、头、右肩，合称头肩顶形态。在很多个股 K 线图上，中头、右头很不明显，甚至没有，但左头（顶部）总是存在的。

左头是由上涨过程中，盲目涌入的短线投机资金推动造成的。因此，此时市场投机气氛浓郁，往往伴随巨量成交，一轮行情的最高点通常出现在该头部。在本理论中，我们把这个头部又称为顶部，顶部的最高价称为顶点。

中头是由被套资金发动自救的短暂行情而形成的。中头高度取决于被套资金的实力和介入的深度。如果被套资金实力大，并且介入的深度较深，则会发动一波自救行情，从而出现中头。这样出现的中头，往往会高于左头。

右头是在行情后期，由出逃资金反向操作形成的。因此，一般情况下高度不高，通常是 3 个头中高度最低的。右头出现之后，预示着股价有下跌。

如图 4-7 所示，古越龙山（600059）在稳定区间为（25.00，27.60）元的稳定态内形成了 3 个头部，最高价出现在中头。

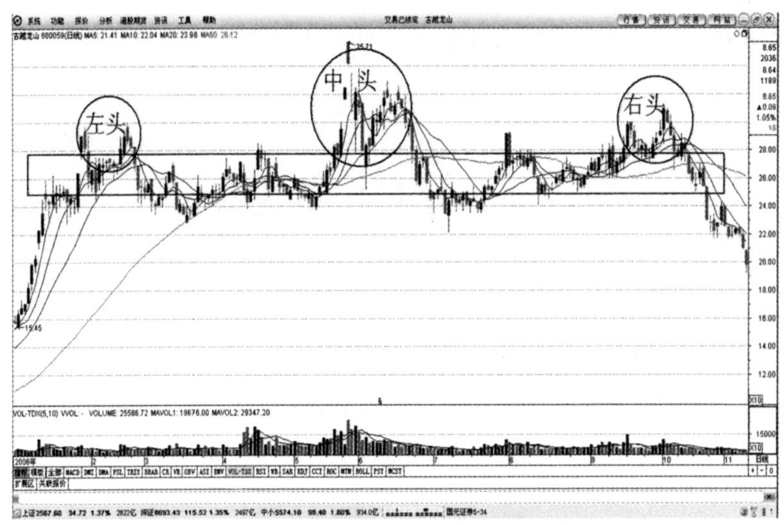


图 4-7 古越龙山日 K 线图

## （二）顶部是最佳抛售点位

我们之所以提出顶部的概念、强调顶部，是因为顶部对投资者二级市场的操作极为重要。

（1）顶部是中线投资及波段投资集中离场形成的点位，顶点出现后，股价不可避免地出现回落。

（2）每波行情中，75%的个股最高价出现在顶部（见表 4-1），抛在顶部就相当于抛在本波行情最高点附近。

表 4-1 最高价出现的位置及概率

| 最高价出现的位置 | 最高价在此出现的概率 |
| --- | --- |
| 左头 | 75% |
| 中头 | 20% |
| 右头 | 5% |

（3）个股 K 线图上，中头、右头有可能不明显，甚至不存在，但左头（顶部）是一定存在的，因为顶部是个股阶段性行情结束最显著的标志之一。如图 4-8 所示，中钢天源（002057）在（26.00，28.00）元的稳定态上，中头、右头并不很明显，右头甚至没有形成，但左头（顶部）却非常明显。

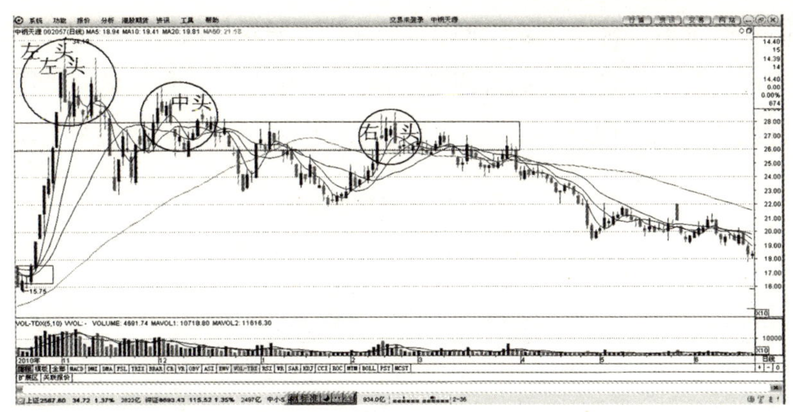


图 4-8 中钢天源日 K 线图

## （三）顶点出现的时间点位

顶点是顶部的最高价位，顶点出现的时间位置与稳定态密切相关。顶点一般在股价首次快速穿越稳定价格空间后，股价在稳定价格空间上方独自运行的 3~5 个交易日内出现。对大盘指数来说，顶点出现的具体点位一般是在高过稳定空间上沿价格 3%~5%点位附近出现；对个股来说，顶点出现的具体点位一般是出现在高过稳定价格空间上沿股价 10%~15%的位置，具体点位需视个股短线动能情况而定。有丰富操作经验的投资者，完全可以抛在顶点附近。

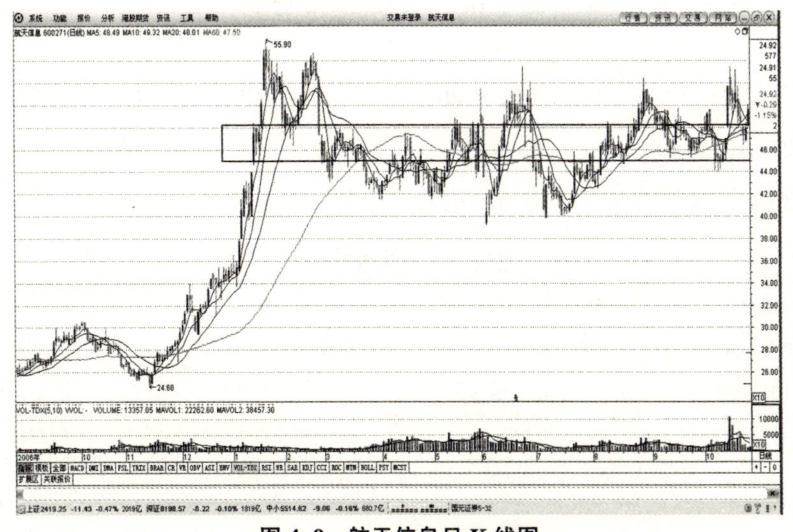


图 4-9 航天信息日 K 线图

如图 4-9 所示，航天信息（600271）在进入稳定区间为（44.50，48.50）元的稳定态内做日常波动前，股价穿越（44.50，48.50）元稳定区间做了个“M”头；在 2007 年 1 月 23 日、2007 年 2 月 16 日两天出现的高点如表 4-2 所示：

表 4-2 航天信息高点

| 最高价 | 距稳定态上轨位置 | 出现日期 | 在稳定态上方运行时间 |
|---|---|---|---|
| 55.90 | +15.26% | 2007 年 1 月 23 日 | 第 3 天 |
| 54.70 | +12.78% | 2007 年 2 月 16 日 | 第 7 天 |

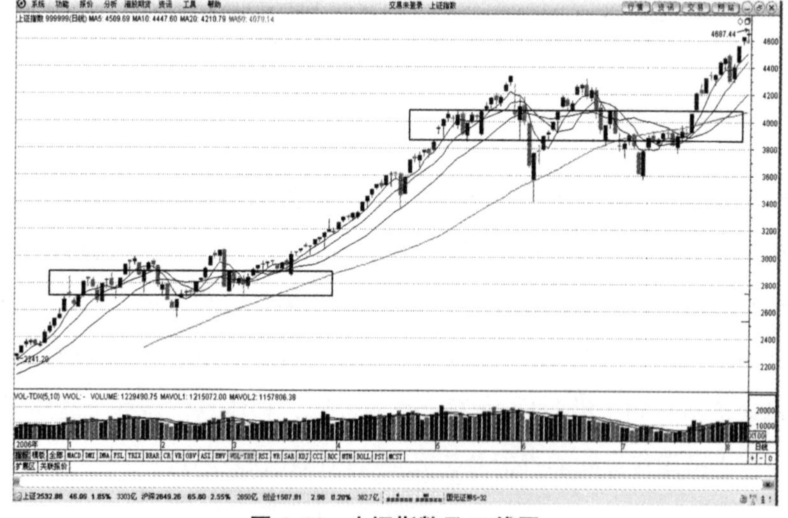

图 4-10 上证指数日 K 线图

如图 4-10 所示，上证指数于 2007 年 1~3 月、2007 年 5~7 月分别在稳定区间为（2700，2900）点、（3900，4120）点的稳定态内运动。在两个稳定态内出现 4 个高点，具体时间、点位与高出稳定区间关系如表 4-3 所示：

表 4-3 上证指数高点

| 最高点位 | 距稳定态上轨位置 | 出现日期 | 在稳定态上方运行时间 |
|---|---|---|---|
| 2994.28 | +3.25% | 2007 年 1 月 24 日 | 第 3 天 |
| 3049.77 | +5.00% | 2007 年 2 月 27 日 | 第 4 天 |
| 4336.96 | 5.25% | 2007 年 5 月 29 日 | 第 5 天 |
| 4312.00 | 4.66% | 2007 年 6 月 20 日 | 第 3 天 |

1. 2007年“5·30”暴跌前成功逃顶

在2007年5月近乎疯狂的市场投机后，为了有效打击市场空前的投机气氛，我国政府突然在2007年5月30日凌晨将股票印花税从1‰提升至3‰。受此影响，中国股市出现连续大跌，在短短5个交易日内，上证指数从前一日收盘的4335点，暴跌至3404点，下跌了931点，跌幅达22%；有近半数个股出现连续5个跌停，被称为“5·30”大暴跌。2007年“5·30”大暴跌成为很多股民毕生的伤痛之一。

股市涨跌有其内在规律。印花税提高，只是股市调整的诱发因素而已，而非主导因素。运用股价稳定态理论分析，2007年5月末，上证指数已上穿(3900，4120)点稳定态稳定空间上轨，并在上方运行多日。根据股价稳定态理论，指数将构筑顶部，因此，笔者在5月28日大盘突破（3900，4120）点稳定态稳定空间上轨2%（约4200点）的风险位后就开始减仓，至次日收盘仓位已在10%附近。成功逃过随即发生的“5·30”大暴跌。

笔者借助股价稳定态理论，早已预见到大盘的那次大暴跌，不仅成功地指导身边的朋友逃过那次大跌，而且还成功地在2007年6月5日和7月7日抄底短线超跌股、抢反弹，在大暴跌市中，获得了丰厚的短线收益[①]。

2. 2009年8月年内最高点送“桃”

经过2009年上半年的上涨，上证综指在2009年7月成功进入(3000，3200)点稳定态内（见图4-11)，市场风险也随之而来。2009年7月29日上证综指盘中大跌264点，跌幅近8%。笔者此前多次在客户群、博客中指出大盘面临回调的风险。

2009年8月3日，在经过几天连续拉升后，上证综指顽强地创出新高，但已成强弩之末。当日中午，笔者特意买桃送给身边的股友，“桃”者逃也[②]。当日听笔者的股友，不仅逃在了该轮行情的最高点，而且逃在了两三年内大盘指数的最高点。

① 参见本章“八、如何进行抢反弹操作”。

② 参见 http://radony.blog.hexun.com/36001572_d.html。

如图 4-11 所示，在上轮行情中，上证指数在 2009 年 8 月 3 日创出 3478 点最高点位后，回落到（2990，3210）点稳定态内运动；后受银根紧缩、宏观调控的影响，在 2010 年 4 月再度击破（2990，3210）点稳定态后一路下行。一直到 2014 年 7 月新一轮大行情全面启动，截至 2015 年 1 月 15 日，依然没有突破 2009 年 8 月 3 日创下的 3478 点。2009 年 8 月 3 日听笔者建议离场的投资者，走在了 6 年里的最高点。

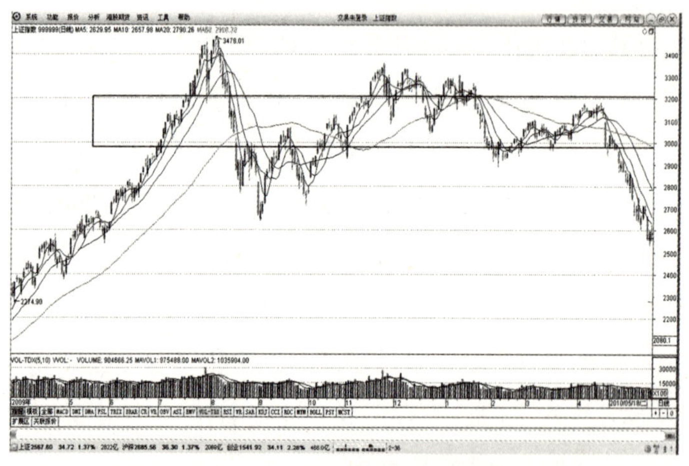

**图 4-11　上证指数日 K 线图**

3. 广发证券（000776）轻松走在高点

2010 年 9 月 30 日，中国 A 股突然走强，在有色、煤炭、券商股的带动下引发一波快速小井喷行情。考虑到券商是股市行情最大的受益者之一，加上各地设定最低佣金防范券商恶意竞争的消息，而股价最高、流盘子最小的广发证券，必定是券商板块中的龙头。因此，笔者在 2010 年国庆一开盘就以 31.60 元买入广发证券。

如笔者所料，广发证券随即展开一波快速、凌厉的上攻行情，两周后，股价即上攻进入年初的（51.00，54.00）元稳定态（见图 4-12），此后必然存在围绕新稳定态展开整理。2010 年 11 月 5 日广发证券股价大幅跳空高开，但并未涨停，而此时股价已在稳定态上方运行 5 个交易日，笔者认为这是在诱多，则果断地在股价回荡的过程中，以 62.00 元全部卖出，抛在了高位。

图 4-12 广发证券日 K 线图

如图 4-12 所示，2010 年 11 月 5 日广发证券股价出现局部高点，而这个高点，同样是自那天起至 2015 年 1 月 15 日，依然没突破。

4. 苏州高新（600736）轻松抛在高位

苏州高新是中国最著名的从事高新园区建设的上市公司之一。近些年来业绩平平，二级市场表现很一般。2011 年年初，受“新三板”扩容的影响，苏州高新带领缺乏热点、业绩而被市场长期遗忘的高新园区上市公司率先集体走强。笔者及时在如图 4-13 所示的最佳买点买入①。2011 年 3 月 28 日苏州高新股价在稳定态上方突然再度涨停。由于盘整时间过短，苏州高新不可能再度掀起一波行情。因此，笔者于次日在 9.60 元果断卖出。自笔者卖出半小时后，苏州高新股价开始回落下跌，至今没超越笔者卖出的价位。

如图 4-13 所示，苏州高新股价在 2011 年 3 月 28 日创出的局部高点其实是其（7.50，8.20）元稳定态的中头。对当时的苏州高新来说，卖在中头上也就是卖在最高点附近。

① 笔者在 2011 年 2 月 23 日做过重点推荐，参见当日微博 http://t.hexun.com/radony/default.html。

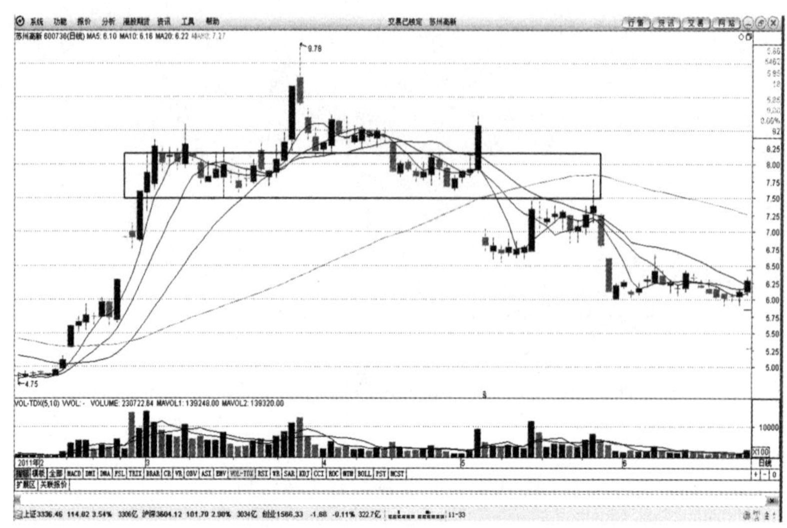

图 4-13 苏州高新日 K 线图

# 五、买在低点并非不可能

实践证明，股价稳定态理论不仅可帮助投资者卖在相对高位，也可帮助投资者寻找到相对低的买点。

## （一）低点出现的点位分析

根据股价稳定态理论，股价总是从一个稳定态运动到另一个稳定态。股价在稳定态内上下波动的过程中，同样会形成两个或两个以上的局部低点。在 K 线图上，这些低点向下凹陷，每个低点的最低价通常出现在稳定态下方的第 3~5 个交易日内，一般在稳定态下轨的 8%~15%附近。这些局部低点都是相对好的买点。

## （二）低点出现的时间选择

个股股价的阶段性低点，往往伴随着包括业绩、行业、板块、大盘等因素在内的利空而出现。利空个股股价的阶段性低点，通常在利空消息出现后的 1~3 个交易日内。有丰富交易经验的投资者，完全可根据经验、结合股价稳定态理论，在股价阶段性低点附近买到股票。

笔者正是据此并灵活运用股价稳定态理论，在实际操作过程中，多次在个股股价的阶段性低点附近买入股票。这其中包括在 2008 年以历史最低价买入中国太保（601601）。

1. 中国太保买在了历史最低点

中国太保是我国第三大保险集团公司，主要经营人寿及财产保险产品和服务，并通过下属的太平洋资产管理有限责任公司管理和运用保险资金。2007 年 12 月 14 日，公司以 IPO 的形式发行 10 亿股 A 股，12 月 25 日，在上交所挂牌交易。

此后受中国股市大幅下跌的影响，到 2009 年年底，中国太保已从上市初的 50 元高位跌至（11.50，12.50）元稳定态内，跌幅接近 80%。在政府积极干预下，大盘已在 10 月出现明显的底部信号，中国太保股价不可能再进一步下跌。此外，我国政府采取积极的财政政策，必然引发股市的大反弹，会大幅提高保险类资金的收益，中国太保后市值得看好。因此，笔者建议周边朋友在 2008 年 12 月 25 日，中国太保 15.8 亿限售股票上市流通低开买入，可中长线持有。

果然如笔者所料，在 15.8 亿限售股票上市流通的冲击下，2008 年 12 月 25 日中国太保股价以 10.02 元大幅低开，随即在买盘的推动下大幅反弹，开盘价即

图 4–14　中国太保日 K 线图

是全天的最低价。此后，该股以震荡攀升的走势走出一波大幅上扬行情，再也没回到买入的 10.02 元低位。

如图 4–14 所示，2008 年 12 月 25 日中国太保 10.02 元的开盘价，是最好的买入点。

2. 江西铜业低位买进随即大涨

基于对江西铜业股价后市向（42.50，45.80）元稳定态运动的判断，在 2010 年 9 月底，本人不仅参与江铜 CWB1 行权套利，而且还认为应该在 2010 年 9 月 28 日江铜 CWB1 行权股上市第一个交易日开盘大胆买入江西铜业。

2010 年 9 月 28 日江铜 CWB1 行权股票上市第一个交易日，在蜂拥而出的江铜 CWB1 行权套利盘的打压下，江西铜业以当日最低价 28.02 元大幅低开，随即在强大买盘推动下，快速上涨。此后该股走出一波凌厉的上攻走势。2010 年 10 月 15 日，江西铜业股价进入（42.50，45.80）元稳定态；2010 年 10 月 26 日，江西铜业股价创出 49.30 元新高（见图 4–15）。在 2010 年 9 月 28 日开盘买入江西铜业的投资者，买在了绝好机会。

如图 4–15 所示，2010 年 9 月 28 日江铜 CWB1 行权股票上市第一个交易日，江西铜业股价大幅低开，随即走出一波凌厉的上攻走势。2010 年 9 月 28 日当日是个最佳买点之一。

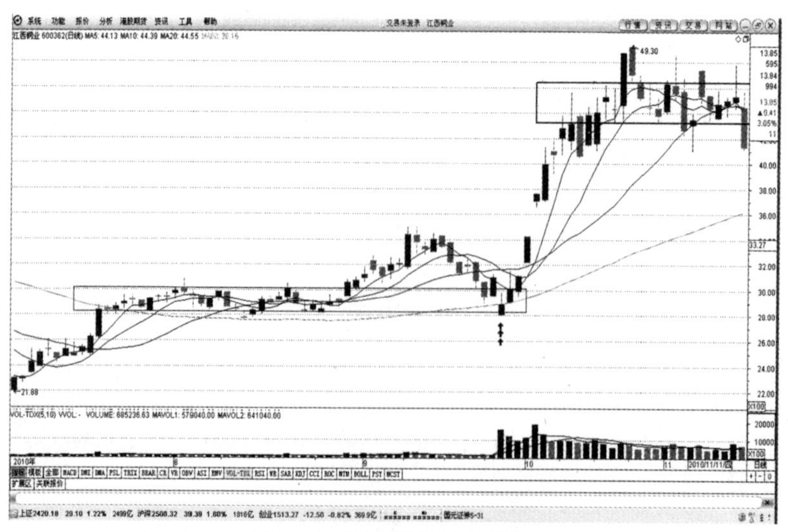


图 4–15　江西铜业日 K 线图

# 六、寻找"一买就涨"的股价起跳点

在稳定态下方相对低位附近买股票，因股价有向上回归稳定态的要求，因此，买入之后股价通常会出现弱势反弹。不可否认，这是个安全的买点，但并不是最佳的买点。被投资者称为股价起跳点的位置，才是最佳的买点。

## （一）神奇的股价起跳点

如果你仔细地回顾各个阶段的大牛股，就会发现，很多股票在放量突破某个价位后，股价就会出现连续不断上涨的情况，并在 K 线图上留下阳线连连的景观。这个神奇的点位就是被很多投资者津津乐道的股价起跳点。

如图 4–16 所示，山西证券股价在 2014 年 7 月 28 日放量突破 6.90 元后，股价此后一路上涨。箭头所指位置即山西证券股价起跳点。

投资者在该点位附近买入股票通常会出现连续大涨的"一买就涨"现象。因此，买在起跳点，是很多投资者梦寐以求的事。由于现有的股票理论无法很好地

图 4–16　山西证券日 K 线图

解释股价起跳点这一现象，自然不可能帮助投资者寻找把握这一绝佳买点。买在起跳点，成了很多投资者可遇不可求的事。但如果运用股价稳定态理论，则可帮助投资者寻找并把握这一绝佳买点。

## （二）股价起跳点有迹可循

• 股价起跳点产生的原因。

股价在脱离现有稳定态向更高位稳定态运动的过程中，在回归此前原有稳定态动力和次级稳定态压力的双重作用，以及某些技术指标的反制作用下，股价会出现向原来稳定态回归的要求，此时就会在此处形成股价上下两个稳定态的分界点。股价一旦有效突破这个分界点，就会出现一路飙升，持续快速上涨，直到进入高位的稳定态。

这上下两个稳定态的分界点，就是大家俗称的股价起跳点，也是投资者的最佳买点。股价起跳点的出现，实际上体现了空方能量衰竭、多方乘胜追击，其结果必然是股价势如破竹，进入更高位的稳定态内。

• 股价起跳点位置分析。

股价起跳点实质是股价脱离现有稳定态向更高位稳定态运动的分界点。因此，它处于现有稳定态和现有稳定态上方第一个次级稳定态之间。经过我们研究，股价起跳点大多处于原有稳定态稳定价格空间上轨价格上方 3%~5%附近。如图 4-17、图 4-18 所示，大多股价起跳点基本落在这一小区域内。

1. 海通证券（600837）起跳点买入持续大涨

海通证券主营证券经纪，证券自营，证券承销与保荐，证券投资咨询，与证券交易、证券投资活动有关的财务顾问，直接投资业务，证券投资基金代销，为期货公司提供中间介绍业务，融资融券业务；代销金融产品等，是我国证券龙头企业之一。2014 年 7 月，经历多年的熊市后，中国股市开始放量走强，证券公司成为其中最大的受益者之一，大涨只是时间问题。

如图 4-17 所示，海通证券于 2014 年 10 月 31 日正式放量突破(9.70，10.30）元稳定态，经过在 10.50 元一带短暂调整，随即一路上涨。从图 4-17 中不难看出，海通证券股价起跳点就在 10.60 元附近，比原有的（9.70，10.30）元稳定态

图 4-17 海通证券日 K 线图

的稳定价格空间上沿仅高不足 3%。

2. 兴业证券起跳点买入 4 周翻倍

牛市最受益的就是证券行业。2014 年 7 月，中国股市经历多年的熊市后，开始放量走强步入牛市，上市券商股价出现集体上涨。

2014 年 10 月底，笔者将目标锁定在不久前刚除权的低价券商股兴业证券上，认为兴业证券会很快突破（5.90，6.40）元稳定态，并果断在 2014 年 10 月 31 日尾盘以 6.40 元价格积极买入。

果然如笔者所料，次日，兴业证券股价即跳空高开大涨 7%，经过几天小阳盘整后，该股接连发动凌厉的上攻走势，2014 年 11 月 27 日，兴业证券股价已突破除权前稳定态的稳定价格空间上沿。笔者见好就收，于 11.80 元附近清了手中持有的兴业证券。此时，兴业证券股价上涨已超过 90%，而经盘中高抛低吸操作，不到 4 周时间，笔者在兴业证券上收益超过 120%。

如图 4-18 所示，在笔者买入之后，兴业证券股价正式起跳上涨，随即拉开一轮波澜壮阔的填权行情。起跳点前买入的兴业证券，短期内让笔者收益不菲。

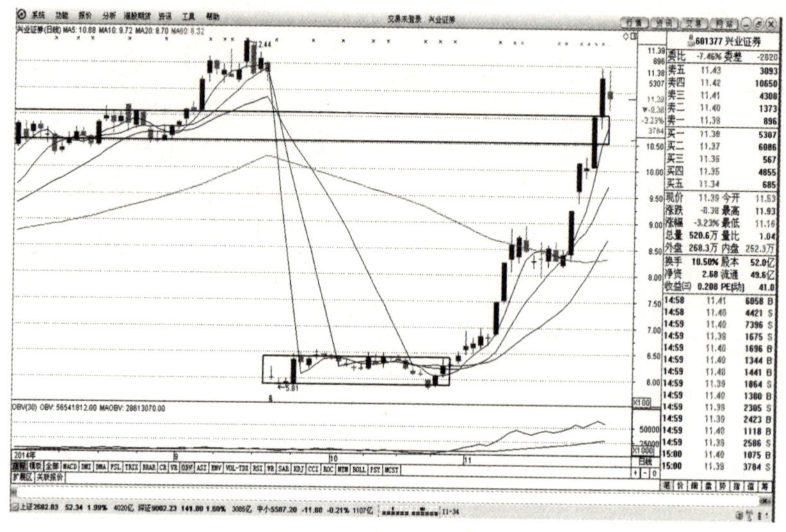


**图 4-18　兴业证券日 K 线图**

# 七、如何逃离复合右肩杀跌

熟悉技术分析、形态分析的投资者都知道，在所有的下跌形态中，头肩顶的杀跌能量最大、杀伤力最强。一旦头肩顶杀跌形态形成，后市股价通常会跌去一半。有意思的是，在股价大幅杀跌前，右肩往往会演变成一个相对复杂的杀跌形态，形成复合右肩。

## （一）什么是复合右肩形态

右肩头形成与稳定态密切相关。股价脱离原有稳定态向更低稳定态运动时，在回归原有稳定态意愿，以及次级稳定态支撑、技术指标等多种因素的作用下，股价会在原有稳定态稳定价格空间下轨 3%~5%附近出现一个短暂的小平衡。我们称之为“小右肩”，并和此前短暂拉升形成的“右头”两者一起构成“右肩头”。

如图 4-19 所示，即为典型“右肩头”结构。

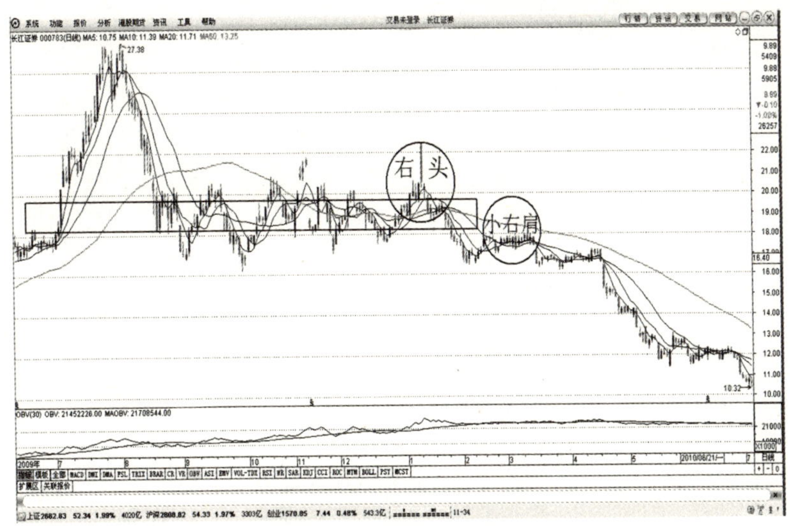


图 4-19 典型的"右肩头"

## (二) 及时逃离复合右肩杀跌

右肩头的形成和出现表明，股价脱离现有稳定态，并向低位稳定态运动趋势正式形成并确立。因此，小右肩是给尚未离场的投资者最后的逃离机会，一旦股价在小右肩小平衡处出现破位，持有该股的投资者应当坚决离场，以逃离接下来的持续杀跌。

1. 2008 年年初破 4900 点果断清仓股票

上一轮大牛市到 2007 年 8 月，已成强弩之末。笔者在博客中一直提示风险，并建议全面离场。受 2008 年南方大冰冻影响，2008 年 1 月 21 日大盘出现全面破位，笔者及时清仓手中股票。

如图 4-20 所示，在上轮大牛市中，如果在 2008 年 1 月 21 日大盘出现全面破位坚决离场，依然能逃过大盘几千点的杀跌。

2. 力帆股份（601777）及时止损逃过大杀跌

力帆股份主要经营摩托车、汽车以及通用汽油机的研发、生产及销售。2010 年 11 月 15 日以每股 14.50 元发行 2.00 亿股 A 股，2010 年 11 月 25 日在上海主板挂牌交易，首日开盘价 19.90 元，最高 19.90 元，换手率 68.89%，最终以 17.87 元报收。

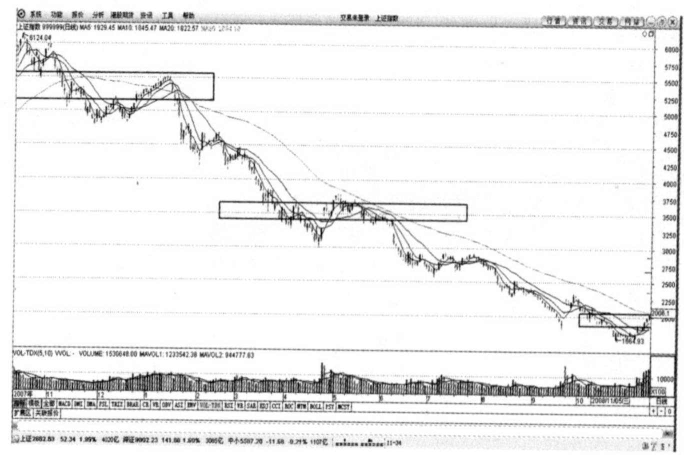

图 4-20 上证指数日 K 线图

邻近力帆股份首日收盘价 17.87 元得到稳定态，分别是高位的(20.20，21.60)元和低位的（12.20，13.70）元。只要后市略微走强，就有可能进入更近的高位稳定态（20.20，21.60）元内。因此，笔者在力帆股份上市次日 2010 年 11 月 26 日以 17.10 元买入。第二天，力帆股份继续破位下行，向下寻求支撑的意愿显得非常强烈，在尾盘以 16.75 元价格认赔先行出局。在笔者卖出力帆股份后，股价一路盘跌。

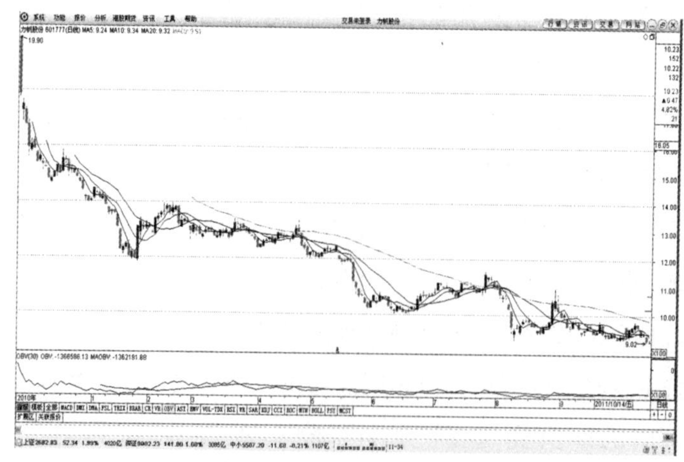

图 4-21 力帆股份日 K 线图

如图 4-21 所示，笔者果断及时止损，成功逃过了力帆股份后市持续杀跌。

# 八、如何进行抢反弹操作

很多投资者做股票投资喜欢短线交易、频繁进出，尤其热衷于进行抢反弹操作，以追求更高的资金使用效益和投资回报率。抢反弹操作需要很高的操作技巧，并不是所有的反弹都值得进去抢，只有强力反弹和报复性反弹才值得去抢进。

## (一) 反弹产生的内在原因

如果你仔细研究 K 线图，你将会发现一个有趣的现象，股价反弹几乎都发生在该股的稳定态或次级稳定态附近（见图 4-22）。实际上，股价反弹与该股的稳定态密切相关。股价稳定态之所以存在，是因为在此价位空间存在股价状态能。股价快速脱离现有的稳定态或穿越稳定态过程中，与股价运动方向相反的股价状态能急剧增大，产生回归该股原来稳定态的内在动力和要求，从而产生反弹。

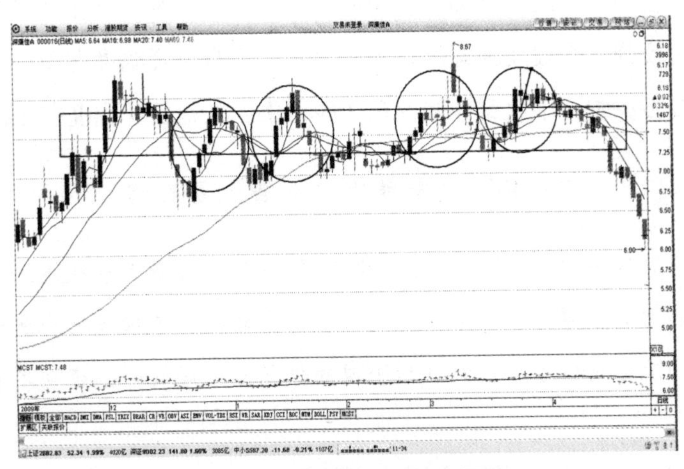

图 4-22 深康佳 A 日 K 线图

如图 4-22 所示，深康佳 A 在稳定态内股价发生多次反弹。

## （二）反弹的类别与位置

大家都知道，股价反弹力度有强弱之分，称为弱势反弹和强力反弹。现有分析手段只能是“事后诸葛亮”，在反弹已经发生后才知道是弱势反弹还是强力反弹，并不能在反弹之初就预见到反弹会在什么时候、什么点位发生。股价稳定态理论则可以告诉你，反弹会发生的时间、点位及力度等。

依据股价能否回到原来的稳定态，我们把股价能回到原先主稳定态内的反弹称为强力反弹；把股价能回到原先稳定态内的反弹称为弱势反弹；把发生在次级稳定态下方的强力反弹称为报复性反弹。

强力反弹发生在以下两类场合：

（1）股价向下快速跌至距主稳定态的首个次稳定区间附近；

（2）下跌过程中，股价向下连续快速击穿多个次级稳定区间。

弱势反弹发生在以下两类场合：

（1）在震荡过程中，股价在稳定态内宽幅震荡；

（2）在盘跌过程中，股价向下快速跌穿次级稳定区间的下方。

报复性反弹发生在：股价已向下快速击穿次级稳定区间。

根据反弹力度与发生位置的不同，可把反弹分为如下三类：

（1）弱势反弹，个股反弹幅度在 10%以内，大盘反弹幅度在 7%以内；

（2）强力反弹，个股反弹幅度在 15%左右，大盘反弹幅度在 10%左右；

（3）报复性反弹，个股反弹幅度在 20%以上，大盘反弹幅度在 12%以上。

### “5·30”大暴跌中抢反弹收益翻倍

对很多老股民来说，发生在 2007 年 5 月 30 日的那场大暴跌是一生股票投资生涯中不堪回首的往事。但笔者借助股价稳定态理论，不仅成功地逃过了那次大跌，而且成功地把握住了个股大跌后出现的报复性反弹机会，获利不菲，轻松实现资金翻倍。

在 2007 年“5·30”大暴跌中，笔者运用股价稳定态理论，极其准确地预测到大盘在 2007 年 6 月 5 日、2007 年 6 月 29 日发生的触底大反弹，并认为，大部分个股也会走出相应的反弹走势。基于此，笔者选择刚进入（10.20，11.00）元稳定态的金种子酒（600199）操作。本人抢反弹操作如下：

2007 年 6 月 5 日，以 7.28 元买入；2007 年 6 月 18 日，以 11.20 元卖出；收益 53.84%。

2007 年 6 月 29 日，以 7.80 元买入；2007 年 7 月 11 日，以 11.80 元卖出；收益 51.28%。

两次抢反弹操作累计收益 105.12%，复合收益超过 130%，实现轻松翻倍。

金种子酒日 K 线图如图 4-23 所示。

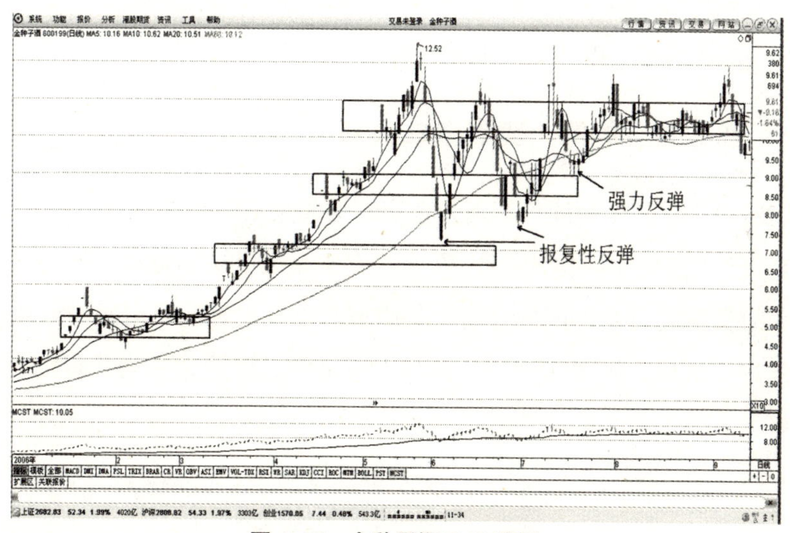


**图 4-23 金种子酒日 K 线图**

如图 4-23 所示，在 2007 年“5·30”大暴跌中，金种子酒股价发生两次报复性反弹。如果投资者把握住，能获得丰厚回报。

# 九、融券做空的卖点在哪

2010 年 4 月 16 日，中国正式推出股指期货，同步推出的还有融资融券业务，标志着中国股市从单向市场成为双向市场。投资者不仅可以做多股票赚钱，也可通过融券卖空的方式盈利。

但是，很多实际案例表明，通常情况下，融券卖空的风险远高于融资做多。因此，更应该把握好融券卖空的卖点选择。运用股价稳定态理论，可为投资者找到如下两个非常理想的融券做空卖点。

## （一）融券做空的第一卖点在右头部

我们前面说过，个股股价在高位稳定态通常会出现在左、中、右三个头部。这三个头部产生的原因截然不同，其中，左头是因游资追高推动形成的；中头是因被套游资拉高自救形成的；右头是因被套资金出逃前反向操作形成的。

一旦右头出现，则意味着股价即将大幅杀跌。因此，右头是投资者融券卖空的最好卖点。

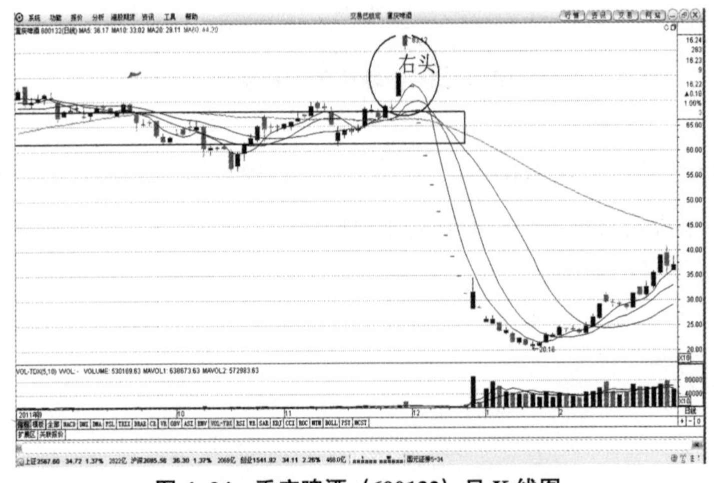


图 4–24　重庆啤酒（600132）日 K 线图

如图 4–24 所示，右头是投资者融券卖空的最好卖点。

## （二）融券做空的第二卖点在小右肩部

不可否认，如果投资者能够在右头部高位融券卖空，那么，后市能充分享受到股价下跌带来的不菲收益。但被套资金的被套程度和实力不一，导致右头形态杂乱无章、千奇百怪，有的时候右头甚至不存在。因此，如何在右头部找到融券卖空点位存在很大的不确定性。

其实，融券卖空还有个更好把握的卖点，这个卖点就在小右肩处。小右肩是多方最后殊死抵抗形成的，小右肩形成和出现意味着此后相当长的时间内，空头决定着行情的发展与演变，直到股价进入低位的稳定态内（见图 4–25）。因此，对投资者来说，小右肩是个更容易把握的融券卖空卖点。

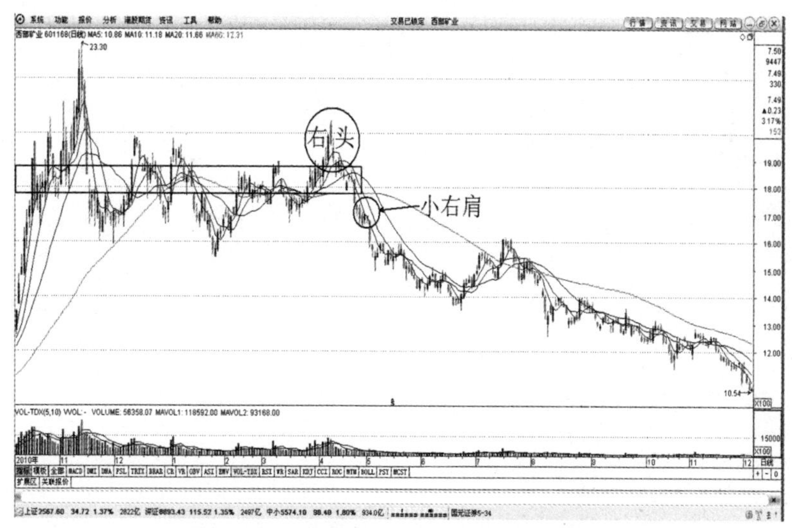


**图 4–25　西部矿业（601168）日 K 线图**

如图 4–25 所示，从实际操作上来说，小右肩是投资者更容易把握的融资卖空卖点。

# 第五章　股价稳定态理论经典应用

笔者自 1996 年 5 月开始进行股票交易以来，成功地预见了 1997 年以来的行情重大变化的转折点。笔者的成功预测，在很大程度上是股价稳定态理论的功劳。现将部分有章可循的重大预测汇集如下。希望能有助于读者加深加强对股价稳定态理论的理解和运用。

在十多年的证券投资生涯中，笔者成功地预见了自 1996 年以来中国股票市场的重大转折点和部分国际重大经济事件。重要的如下：

1996 年股市价值回归引发的牛市；

1997 年香港回归后，股市将步入漫长的反思期；

1999 年 5 月的井喷行情及 6 月上证综指顶点 1750（实际：1751.22）；

2000 年年初，根据美国蓝筹股下跌断言 NASDAQ 股市将会出现网络股灾难；两年后，NASDAQ 指数从 5000 多点下泻到 1200 点；

2000 年 8 月，上证综指将受阻于 2118 （实际：2114.52）；

2001 年起，中国股市将逐步消灭散户，重塑投资理念，此后 A 股持续低迷至 2005 年股改；

2002 年年底，断言中国 A 股必将采用对流通股补偿的方式解决股权割裂问题，中国股市就此出现转折，新一轮牛市就此展开[①]；

2003 年断言美元贬值，全球商品期货因此将掀起新一轮牛市；

2004 年 3 月断定人民币必将大幅升值[②]；2005 年 7 月，中国宣布人民币自由浮动，掀开人民币升值序幕；

---

① 见笔者 2002 年文章《山雨欲来风满楼》。

② 见笔者 2004 年文章《人民币升值与企业的对策研究》。

2006 年 4 月，当指数还在 1300 点附近徘徊时明确指出，上证综指两三年内将会上涨到 5000 点；2007 年 10 月，大盘突破 6000 点；

2007 年 10 月，断言 A 股已见顶，建议大家离场；

2009 年 8 月 3 日，在大盘三年最高点处送“桃”建议逃离；

2010 年 9 月 30 日，提前捕捉到 10 月小井喷行情；

2011 年 5 月，本·拉登“被击毙”后大宗商品价格的大跌；

2013 年，创业板疯狂与主板低迷冰火两重天的行情特征；

2014 年，我国股市（主板）牛市行情正式启动；

……

## 一、提前勾画出 2005~2007 年大牛市

2006 年年初，本人在一家公司投资部门工作，当时公司有意参与证券投资，本人受命完成这方面的投资建议。经过对股市仔细的研究，笔者在 2006 年 3 月底提交的投资建议报告中明确指出“中国股市将因股改而迎来新一轮牛市，上证指数在今后两三年内有望上涨 3000~5000 点”。当时，上证指数从 2005 年 5 月的 998 点上涨到 1200 点附近，并在此横盘徘徊，预言上涨 5000 点，意味着大盘会在 2008 年 3 月前突破 6000 点。笔者超前的大胆预见和观点，立即遭到有些人士的强烈指责。

但股市的发展不会为个人意志改变的。此后中国股市的快速上涨甚至超出笔者的乐观预期，在一年半后的 2007 年 10 月 15 日，上证指数就突破 6000 点，并在次日创出 6124 点的历史高位。笔者之所以能提前成功勾画出 2005~2007 年大牛市，完全是充分应用笔者独创的股价稳定态理论的结果。

### （一）股改催生的大牛市已全面启动

由于历史原因，中国股票市场上存在大量不能自由流通的法人股，法人股与

流通股同股同权但不同价，总数超过 70%。流通股、法人股的股权分置问题存在，已严重制约了中国股票市场的进一步发展，到了非解决不可的地步。2003 年年初，笔者就此专门写的《山雨欲来风满楼——2003 年中国股市展望》文章中特别指出：中国最终将会解决股权分置问题，最可能的方式就是向流通股股东做某种程度的补偿来解决。

两年后的 2005 年年底，中国股市正式启动股权分置改革，简称股改。上市公司法人股股东为了能实现自由流通，纷纷采用向流通股股东送股、派发权证、派息等方式来解决，平均对价基本是“10 股送 3 股”，即流通股股东持有 10 股上市公司股票，可获上市公司法人股额外赠送的 3 股，那么，上市公司法人股 1~3 年的限制期限结束后，可上市自由流通。也就是说，只要股改，二级市场的股票投资者即可获得 30%的无风险收益。

如此高的无风险收益，自然吸引了大量的社会资金参与。受此影响，在不断涌入的社会资金推动下，短短几个月，上证指数从 2005 年年底的 1000 点上涨到 2006 年 3 月的 1200 多点。此时，中国股市的股改还只是处于试点阶段，完成股改的上市公司不足百家。持续进行的全面股改和不断涌入的逐利资金必定会掀起滔天巨浪。因此，笔者断言，中国股市必定有波大牛市。

既然是大牛市，那么，大盘指数必定会上攻 3~4 个稳定态，以每个稳定态之间 35%~50%的涨幅计算，即可轻松推算出“中国股市因股改引发的牛市，上证指数会上涨 3000~5000 点”。

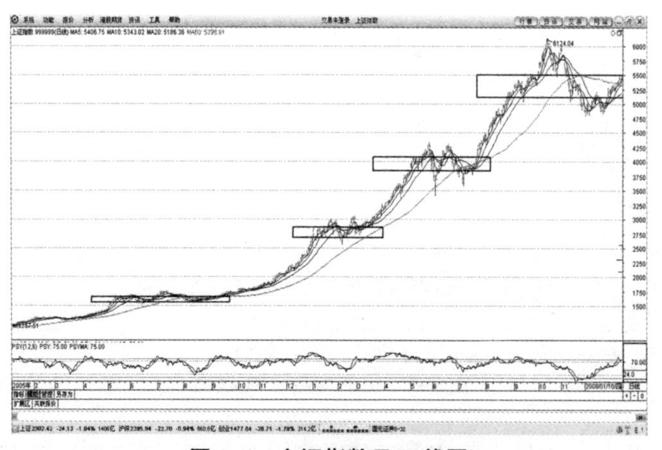

**图 5–1　上证指数日 K 线图**

如图 5-1 所示，上证指数在 2005~2007 年的大牛市里，成功上攻了 4 个稳定态，最终上涨了 5000 多点。

## （二）限售股流通注定股改牛市短命

上市公司法人股股东纷纷采用向流通股股东送股、派发权证、派息等方式支付对价进行股改，这不是做慈善，就是为了自己能实现自由流通。天下没有免费的午餐，海量法人股上市自由流通，必定会打压股价。根据方案，大股东限售期为 3 年，其他法人股股东限售期只有 1 年。按国家股改规划，股改在 3 年内基本完成，2006 年年底前有半数上市公司会完成股改，那么，意味着在 2008 年，中国股市将出现海量的流通股抛售。因股改而引发的大牛市必定就此终结，因此，股改牛市只有短短的两三年时间。由于股改牛市是由超高的无风险收益和不断涌入的逐利资金推动，一旦两个因素消失，必将引发惨烈的下跌。

中国股市下跌也超出笔者当初的预期，美国的次贷危机演变为一场全球性的金融危机、经济危机。中国股市提前至 2007 年年末下跌，在热钱逃离和海量法人股上市自由流通的多重打压下一路惨烈暴跌。

**图 5-2　上证指数日 K 线图**

如图 5-2 所示，上轮大牛市上演超级过山车行情，在 2006~2007 年大幅上涨之后，在 2008 年出现持续惨烈下跌，不少投资者损失惨重。

## 二、对 2007 年年初上证综指走势神奇预测

2007 年 3~7 月，笔者利用股价稳定态理论，对上证综指在此期间的走势进行了一系列预测，不仅成功地预见到了在此期间指数将大幅上涨、逼空行情在 5 月终结、4120 点上方风险区间等行情发展大的趋势变化，而且成功地预测 2007 年 4 月 19 日大盘暴跌、2007 年 6 月 5 日大盘触底反弹、2007 年 7 月 5 日大盘触底反击等重大事件。可以说，预测结果与上证综指实际走势达到了令人惊叹的吻合程度。以上预测，均发布在笔者的财经博客（radony.blog.hexun.com）中。

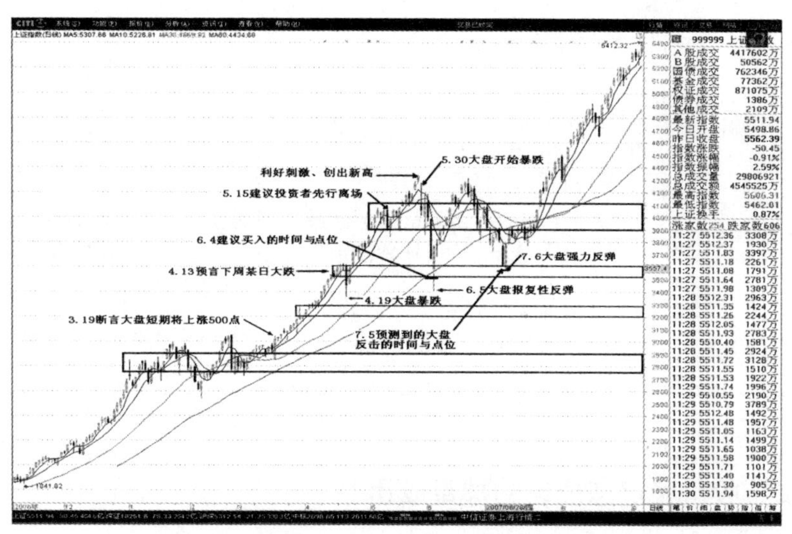


图 5-3　预测内容与上证综指走势对照示意图

图 5-3 为笔者在 2007 年 3~7 月预测内容，与上证综指走势对照示意图。

## （一）精准的预测回顾

笔者博文预测内容与大盘走势印证对照如表 5-1 所示（未特别注明，文中大盘、指数都是指上证综指）：

表 5-1 预测内容与大盘走势印证对照

| 预测时间 | 预测内容 | 印证时间 | 点评 | 博文地址 |
|---|---|---|---|---|
| 2007 年 3 月 19 日 | 预言大盘短期将到 3500 点以上 | 4 月 12 日大盘突破 3500 点 | 19 个交易日 | radony.blog.hexun.com/8315103_d.html |
| 2007 年 3 月 23 日 | 预言大盘在 5 月 1 日前突破 3500 点 | 4 月 12 日大盘突破 3500 点 | 15 个交易日 | radony.blog.hexun.com/8384061_d.html |
| 2007 年 4 月 13 日 | 预言指数将在下周某交易日大跌 | 4 月 19 日大盘暴跌 252 点 | 4 个交易日 | radony.blog.hexun.com/8827270_d.html |
| 2007 年 4 月 18 日 | 本波行情应能达到 4120 点 | 5 月 22 日大盘突破 4120 点 | 19 个交易日 | radony.blog.hexun.com/8925406_d.html |
| 2007 年 5 月 8 日 | 断言空前逼空行情在 5 月终结 | 5 月 30 日大盘持续大跌 | | radony.blog.hexun.com/9289747_d.html |
| 2007 年 5 月 15 日 | 建议投资者先行离场 | 5 月 30 日大盘开始暴跌 | 10 个交易日 | radony.blog.hexun.com/9428797_d.html |
| 2007 年 6 月 4 日 | 建议第二天（2007 年 6 月 5 日）在 3520 点下方积极介入抢反弹 | 6 月 5 日大盘“V”形反转，自低点大涨 368 点 | 报复性反弹如期展开 | radony.blog.hexun.com/9837531_d.html |
| 2007 年 6 月 29 日 | 预测大盘下周见底，低点出现区间：3540~3570；时间 7 月 3 日或 7 月 5 日 | 7 月 6 日大盘触底，3563.54 点反弹 | 仅差一天 | radony.blog.hexun.com/10405184_d.html |
| 2007 年 7 月 5 日 | 明日大盘将绝地反击，低点在 3550 点上下 15 点左右 | 7 月 6 日反弹如期展开 | 低点 3563.54 点 | radony.blog.hexun.com/10536300_d.html |

## （二）股价稳定态理论的神奇应用

很多投资者都有过偶然预测到某些孤立行情点位的成功经历，这在很大程度上只是种偶然和巧合，但如此高密度成功地系统性地预测，绝对无法用偶然和巧合来解释。那么，作为一个没有任何内幕消息、处于信息链末端的普通投资者来说，笔者预测行情的依据是什么，又是怎样预测到如此近乎精确的程度呢？

其实，笔者只是针对当时股市走势，利用股价稳定态理论建立了简单的数学模型，并在此数学模型基础上进行推演。

1. 稳定态理论提前揭示出上证综指走势

如图 5-4 清晰地显示，2007 年 2 月 27 日经过激烈震荡，上证指数在（2750，2900）点稳定态内调整得非常充分；到 2007 年 3 月，上证指数已开始脱离原有的（2750，2900）点稳定态，明显表现出向更高稳定态运动的意图。根据股价稳定态理论，下个更高位的稳定态在当前稳定态上方的 30%左右，这意味着上证指数接下来会有一波较大的上涨行情，并且会有 30%左右的上涨幅度。

经过笔者仔细研究分析，初步判断出上证指数下个主稳定态的稳定价格空间基本在（3920，4120）点；并且在这两个主稳定态之间，存在（3180，3280）点、（3520，3620）点两个次级的稳定态。

2. 目标稳定态决定大盘上涨空间与目标

根据如上的分析，我们不难对上证指数后市走势做如下分析判断：

（1）大盘在 2007 年 3 月 19 日与此前几日的走势表明，上证指数已正式脱离（2750，2900）点稳定态，开始向（3920，4120）点稳定态运动。因此，大盘在今后一段时间内将出现稳步上行。

（2）由于大盘在 2007 年 2 月 27 日经过激烈震荡，上证指数在（2750，2900）点稳定态内调整非常充分，大盘上攻的意愿很强烈，那么，上证指数冲击到（3520，3620）点的次级稳定态才有整理的必要。因此，上证指数短期将上涨到 3500 点上方。

3. 目标稳定态决定上证综指必到 4120 点

根据股价稳定态理论，个股股价或大盘指数一旦向更高的稳定态运动趋势确立，必然会冲至目标稳定态的上轨，甚至突破上轨。2007 年 4 月 18 日，大盘向更高的稳定态运动的趋势已非常明确，在接下来的 50~60 个交易日内，上证指数必然会运行到（3920，4120）点的目标稳定态上轨，即 4120 点附近。因此，上证指数见到 4120 点几乎是个必然的事件。

4. 目标稳定态决定上证很快突破 3500 点

根据股价稳定态理论，在正常情况下，大盘指数从开始脱离现在的主稳定态，运动到下个主稳定态，一般要经历 50~60 个交易日。据此推算，上证综指会在一个半月时间内上涨 500 多点，那么，在 2007 年“5·1”前，上证综指会到 3500 点以上。

5. 目标稳定态决定逼空行情会在 2007 年 5 月终结

根据股价稳定态理论，大盘指数运动跟个股一样，总是从一个稳定态运动到另一个稳定态。大盘指数一旦进入新的稳定态，就会在稳定态内围绕稳定区间做日常波动。根据当时的大盘走势，可轻松推算出，指数在 2007 年 5 月进入（3920，4120）点主稳定态后，随即会步入整理阶段，那么，大盘的持续逼空行情必然也随之终结。

6. 子稳定态的存在导致 2007 年 4 月 18 日大盘暴跌

根据股价稳定态理论，上证指数从（2750，2900）点的主稳定态运动到（3920，4120）点的主稳定态中间要经过（3180，3280）点、（3520，3620）点两个次级的主稳定态。正常情况下，上证指数应该在这两个区间内经过震荡盘整后再上行，而不会直接进入。由于大盘强行上涨过快，并且在（3180，3280）点次级稳定空间未经历应有的消化与确认，于是，指数运行到（3520，3620）点次级稳定空间时，以剧烈震荡这种激烈的方式来完成确认。

7. 目标稳定态决定 2007 年 6 月 5 日大盘报复性反弹

根据股价稳定态理论，指数/价格远离稳定态后，自身有回归稳定态的内在要求。自 2007 年 5 月 30 日大跌至 2007 年 6 月 4 日收盘，上证指数已跌至 3670 点，早已远离（3920，4120）点主稳定态的稳定价格空间，有强烈的回到（3920，4120）点稳定价格空间的内在要求。当时，市场笼罩在一片恐慌的气氛中，2007 年 6 月 5 日大盘惯性大幅度低开并下探，上证指数击穿（3520，3620）点次级稳定态后，大规模报复性反弹随即产生。

8. 目标稳定态决定 2007 年 7 月 7 日大盘强力反弹

同理，2007 年 7 月 5 日上证指数再度被打至（3520，3620）点次级稳定价格空间附近，上证指数在自身运行规律下再度触底反弹，回到（3920，4120）点的主稳定价格空间。第二天，强力反弹随即展开。

## 三、上证综指6000点头部屡次预警

经过两年多的持续上涨，至2007年9月，上证综指已进入（5200，5600）点主稳定态稳定区间运行。当时，中国股市整体市盈率已超过60倍，估值已到位，大盘上涨乏力；在美国愈演愈烈的次贷危机与中国央行银根紧缩政策影响下，A股的运行环境正急剧恶化，市场面临很大回调风险。因此，笔者屡次建议身边投资者撤离，也多次在自己的财经博客中发文提醒预警。

2007年9月11日，上证综指触及（4800，5200）点稳定态上轨，笔者发博文提示“指数进入高风险区，建议离场观望”[①]；

2007年9月17日，笔者明确指出“大盘在上演最后的疯狂，建议理性投资者立即撤离”[②]。

2007年9月24日，大盘突破5500点后，对各大财经媒体的一片叫好声，笔者对那些专家、分析师放言新一波行情启动的言论发出强烈质疑[③]。

2007年9月24日，笔者再度撰文指出，即将上市的建设银行（601939）定位会影响到大盘短线走势。在建设银行撬动下，上证综指稳定空间向上反转至（5200，5600）点[④]。

2007年10月18日，笔者闻听中国大陆和中国香港交易所同时交易的公司股票之间互换的消息，随即发博文，明确指出“大盘暴跌就在眼前”[⑤]。

2007年10月19日，针对证监会对有关A股H股互换的接连紧急辟谣，笔者认为这会导致投资者失去信心，“建议投资者坚决离场”[⑥]，随即大盘开始出现杀跌。

① http://radony.blog.hexun.com/12774273_d.html。
② http://radony.blog.hexun.com/12933827_d.html。
③ http://radony.blog.hexun.com/13169314_d.html。
④ http://radony.blog.hexun.com/ 13169909_d.html。
⑤ http://radony.blog.hexun.com/ 13881242_d.html。
⑥ http://radony.blog.hexun.com/ 13915849_d.html。

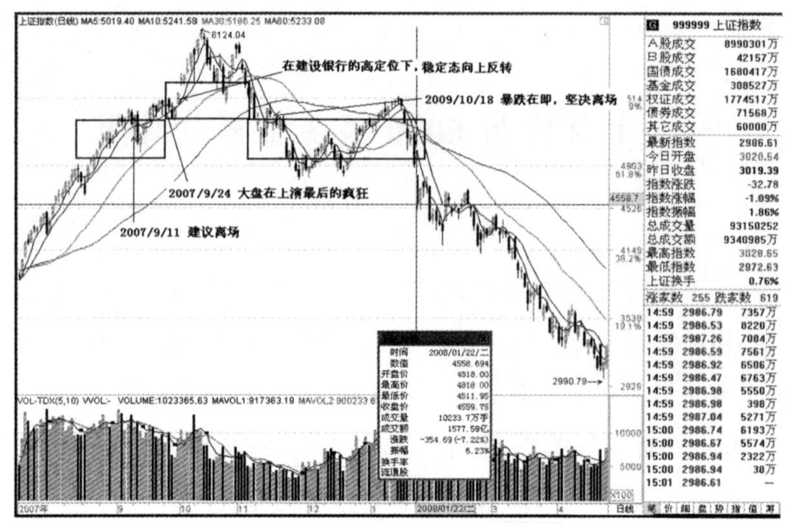


**图 5-4 上证指数日 K 线图**

如图 5-4 所示，因 2007 年 9 月 25 日上市的建设银行出现高定位，并带动工商银行、中国银行等权重股上涨，直接导致上证指数稳定态发生向上翻转，这一点在 K 线图上非常明显。

## （一）中国股市估值早已到位

有关中国 A 股合理市盈率，一直是很热门的话题。很多国内主流经济专家认为，中国 A 股市盈率在 20 倍左右才是合理的；而现在却以 30~50 倍甚至更高的市盈率发行新股。其实，市盈率是股价与最近经营业绩的比值，它只是个静态的历史概念。用静态的市盈率来衡量动态的股价或指数变化，笔者觉得本身就是件很荒谬的事。那么，如果用市盈率来衡量，中国股市多少倍市盈率才算合理？

大家都知道，在同一个市场里，发展潜力大、成长性好的个股会有更高的市场估值，二级市场的股价也更高些。那么，中国经济的增长率远高于全球 2.5%~3%的年均增长率。因此，相比发达国家股票市场而言，中国股市完全能够支持更高的市盈率。

当前，中国经济正经历重工业化过程，国民经济将在很长的一段时期内维持较高的发展水平。为了计算方便，假设今后 10 年，中国经济年增长率维持在

12.5%，发达国家经济年增长率以 2.5%计，那么，中国股市合理的市盈率可按如下计算：

下限=全球股市平均市盈率+（中国经济年增长率-全球经济年增长率）×100

=20+（12.5%-2.5%）×100

=30（倍）

上限=全球股市平均市盈率×［(1+中国经济年增长率）/(1+全球经济年增长率)］^10

=20×［(1+12.5%）÷（1+2.5%)］^10

=50（倍）

因此，中国股市整体市盈率在 30~50 倍之间是合理的。如果中国股市整体市盈率超过 50 倍，则有回调的压力；回到 30 倍下，则存在被低估情况，可择股做战略性建仓。

2007 年 6 月后，中国股市出现一波大盘蓝筹股上涨行情。在大盘蓝筹股上涨的推动下，大盘指数不断攀升，市盈率也急剧扩大；到 2007 年 10 月，中国 A 股市场整体市盈率已近 70 倍，低于 60 倍的个股已寥寥无几。这时市场自身已存在回调的内在要求。

指数的上涨与稳定态的维持需要一定量的投机资金，一旦投机资金枯竭或撤离，大盘将不可避免地下跌。从当时的成交量上看，已明显有所萎缩，因此，大盘后市下跌已是一触即发、不可避免。

### （二）更高的稳定态遥不可及

2007 年 10 月，上证综指在（5200，5600）点稳定态运行已有数月。如果指数要进一步上攻，则要挑战 8000 点一线的稳定态，这意味着大盘整体市盈率要超过 100 倍。显然，中国经济短期内也无法支持这个点位，因此，这对大盘指数来说是不可完成的任务。

有道是“久盘必跌”，既然大盘指数更高的稳定态不可企及，那么，一旦宏观经济遇到挫折，就会诱发逐利性极强的投机资金撤离股市，导致大盘指数下跌。

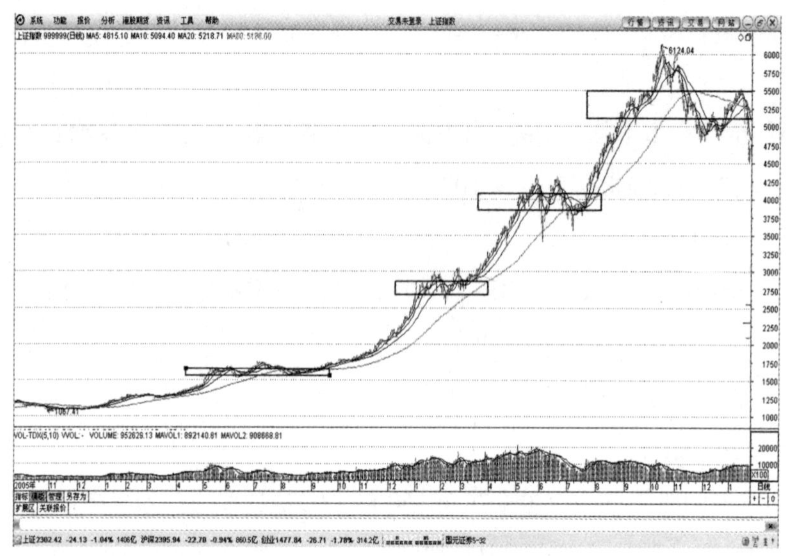

图 5–5　上证综指日 K 线图

如图 5–5 所示，经过两年的牛市，到 2007 年 10 月，上证综指已穿越多个主稳定态，如要上涨，则要挑战（7600，8200）点一线的主稳定态，相应的大盘整体市盈率要超过 100 倍。这在获利盘如此丰厚的市场状况下，几乎是不可完成的任务。

## （三）宏观经济局势急剧恶化

2007 年年初，美国的次贷危机愈演愈烈，进而演变为一场全球性的金融危机、经济危机。这场席卷全球的金融危机，导致全球性货币流动性严重不足，这必然给以出口为导向的中国经济发展带来灭顶之灾。此外，金融危机导致全球股市大幅下跌，也会诱发大幅上涨的中国股市出现深幅度调整。

如图 5–6 所示，美国的次贷危机导致美国道琼工业指数深度回调。

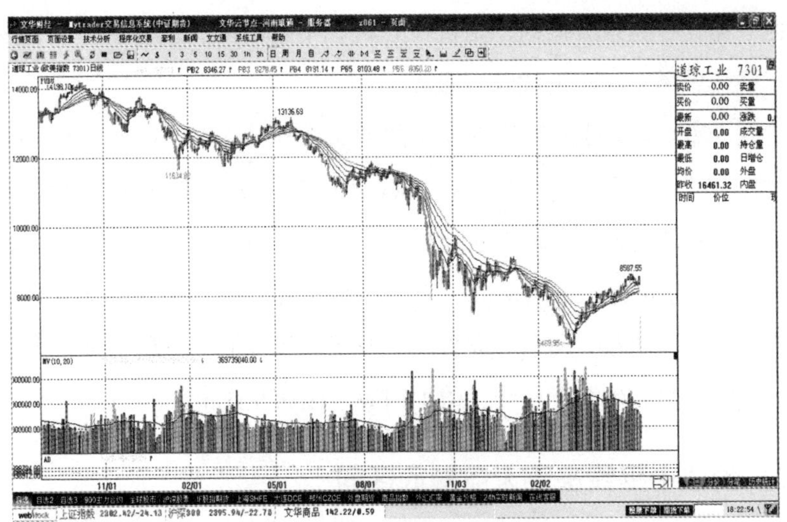


图 5-6 道琼工业指数日 K 线图

## 四、准确判定 2008 年 10 月大盘触底

上轮行情自 2007 年 10 月见顶后，沪深股市开始拐头，大盘指数出现持续的逐级盘跌走势。2008 年 9 月，沪深大盘指数已双双跌去 60%以上。虽然有不少专家学者认为中国股市还处在牛市之中，但当时指数没有任何止跌迹象。已有市场人士喊出上证指数到 1800 点、1500 点，甚至是更低点位的口号。那么，上证指数能否真的跌到 1800 点、1500 点？大盘会一直跌下去吗？中国股市之底在何方？对投资者的困惑，笔者在 2008 年 9 月明确指出，大盘即将见底。

### （一）股市不会无限度地下跌

根据股市动态博弈平衡论低能量原理，股价具有运行在更低的稳定态的内在要求。因此，每轮牛市结束后，指数与股价会逐波回落。但股票价格不可能无限量下跌，就如同原子结构中电子不可能落入原子核中一样。一旦股票价格低到一定价位，被市场严重低估，就会吸引长线投资资金不断买入，从而托住股价；大盘指数也一样，一旦指数跌到一定价位，大量个股出现严重低估，就会吸引大量长期投资资金进场，在此筑就坚实底部。

笔者在 2008 年 9 月 1 日公开发布的博文《中国股市底在何方》中明确指出“大盘即将见底”，认为上证综指会在 2000 点一带构筑稳定态①；并断言大盘会在 2008 年 10 月 18 日 13：20 附近绝地反击②。大盘 2008 年 10 月 18 日大跌 6.52%后，在 13：17 附近展开绝地反击，当天几乎全部收回，次日后消息大涨，80%个股涨停报收。虽然在获利盘方向打压下及大盘指标股刻意砸票下，大盘出现二次探底，稳定空间发生向下翻转，但中国股市成功在此筑底。

## （二）价值中枢线决定大盘触底区间

中国股市何以在 2000 点附近见底，这与中国股市价值中枢线息息相关。所谓价值中枢线是我们假想的一条曲线，用它可以帮助我们很好地衡量、评估中国股市内在价值。

2006 年 11 月至 2007 年 2 月底，上证指数在 2900 点稳定态内出现巨量换手，这是长期投资资金与短线投机资金在置换，此后股指出现快速上涨。这表明当时股市价值中枢就在上证指数 2900 点附近，我们可以以此为基点。近些年来，中国国民经济保持在 10%左右的增长速度，中国股市上市公司是国内同类行业中的佼佼者，整体的发展速度是中国国民经济增长速度的 1.5 倍以上，我们按 15%计算，这也是中国股市内在价值提升速度。那么，在上证指数 K 线图上，以 2007 年 2 月 2900 点做一条斜率为 15%的直线（见图 5-7），这条直线就是中国股市价值中枢线。

如果你细心留意图 5-7，不难发现中国股市价值中枢线与行情关系之间的微妙关系。2005 年 10 月，上轮牛市于上证指数在 1000 点一带行情启动时，股市价值中枢线在 2200 点附近。也就是说，当指数低于价值中枢线的 50%以内时，就会吸引大量长线投资者买入，并最终引发牛市；到 2007 年 10 月，指数运行到 6100 点一带时，中国股市价值中枢线只有 3100 点，股市上攻受阻，出现滞涨。

① 参见笔者博文：http://radony.blog.hexun.com/23091564_d.html。

② 参见笔者博文：http://radony.blog.hexun.com/23261607_d.html。

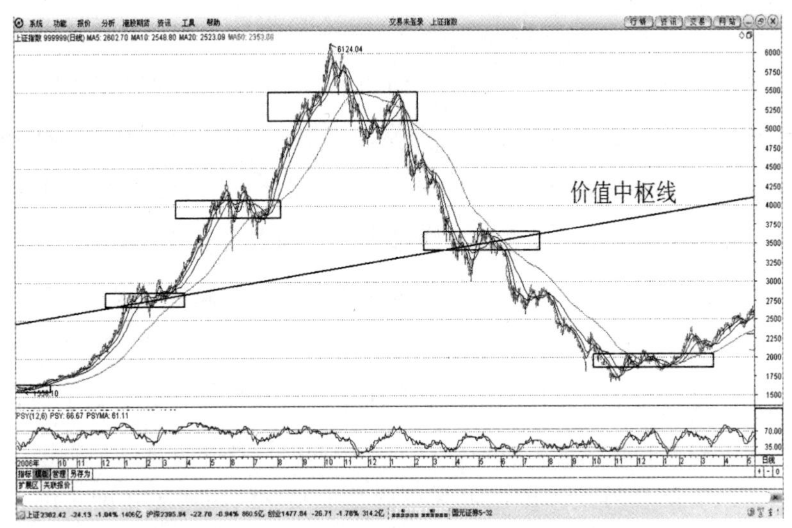


**图 5-7　上证指数周 K 线与价值中枢线示意图**

这表明股指一旦被高估 1 倍时，大盘就存在很强的回调压力。到 2008 年 10 月，中国价值中枢线已延伸到 3900 点附近，因此，大盘会在上证指数 1900 点一带的稳定态内构筑坚实的底部。大盘基本在 2000 点附近见底。

此外，通过图 5-7，我们不难发现，股市价值中枢线刚好穿过上证指数 2007 年年初（2760，2950）点和 2008 年 5 月（3250，3520）点的稳定态。这说明，大盘在上攻途中，股市价值中枢线是大盘上涨最大的阻力；在下跌过程中，多头则会在股市价值中枢线附近阻止反击。实际上，上证指数 2007 年年初（2760，2950）点的稳定态，是因为抱着价值投资理念的中线理性投资资金撤离形成的，而 2008 年 5 月（3250，3520）点的稳定态，则是上述资金进场形成的。这不仅说明股市价值中枢线是客观存在的，而且我们对此的认识与画法是完全正确的。

## （三）政策窗口决定股市见底时间

中国股市在 2008 年 10 月见底，这是一个极其复杂的问题，是由政治、经济、政策等众多因素决定的，笔者在 2008 年 12 月 29 日的博文中，对此做了说明①。原文如下：

① 可参见博文：http://radony.blog.hexun.com/27589860_d.html。

2008年，美国的次贷危机愈演愈烈，迄今已演变成为一场史无前例的经济危机。在这场经济危机中，以出口为导向的中国外向型经济遭受重创，上证指数从6100点跌至1600多点，数十万亿财富灰飞烟灭，并引发中小企业的破产潮。严重的经济问题必然导致社会问题，2008年下半年，因经济问题而引发的中国社会群体性事件不断上演。这些都严重危害到我国来之不易的社会安定与团结的大局面，如任此发展下去，最终必然会危及国家政权的稳定。很多历史与现实教训告诉我们，现代经济社会、政治的核心问题始终是经济问题。对任何政治家及政权来说，社会的安定与政权的稳定才是根本。一旦危及社会的安定与政权的稳定，任何国家的政府必然会采取各种有力手段加以挽救和阻止。

由经济引发的社会不安定因素，最好是采用经济手段来化解。因此，我们可以预见，中国政府必然会采取各种各样的手段来刺激经济增长，从而推动2009年中国股市走强。2008年第四季度，中国紧急出台4万亿元刺激经济的计划，股市应声见底上涨。此外，中国人民银行跟上全球央行步伐，大幅度降息，全面放松银根，向市场注入资金。这些措施都有助于中国股市逐步走出弱市局面。

## 五、成功预见到2009年股市大涨

早在2008年12月，上证综指在1800点附近低位徘徊，市场人气极度低迷，濒临绝望。经深入分析国内外经济局势与社会状况之后，笔者在博客上特别撰文，从经济、政治等多个角度指出，2009年中国股市将会大涨，可能见到4000点（上证综指），并建议投资者积极买入被市场严重低估的股票。①

① 可参见博文：http://radony.blog.hexun.com/26770776_d.html；http://radony.blog.hexun.com/26822731_d.html；http://radony.blog.hexun.com/27589860_d.html；http://radony.blog.hexun.com/27122621_d.html。

由于受大盘指标股的权重影响，2009 年上证综指最终并未见到 4000 点，但至 2009 年年底，深证成指、中小盘指数等早超过上证综指 4000 点时的高度，表明行情非常火爆，远非普通的反弹。2009 年上证综指虽无 4000 点之名，却有 4000 点之实。若非中石油等大盘权重股拖累，上证综指早已冲上 4000 点。此外，笔者年初喊出 4000 点，只是指出今年股市行情演变与发展方向，而不是年内必须达成的目标。

## （一）中国股市已严重超跌

股市从 2007 年 10 月在 6124 点见顶后，开始盘跌回落，2008 年年初出现破位，指数开始一路下跌。市场出现一大批市盈率只有 5~7 倍的股票，其中不仅有传统行业的个股，也有新兴行业的银行股，这即使是在成熟的市场也是少见的，更何况是出现在快速发展中的中国股市。A 股的整体估值已再度回到历史底部，中国股市已严重超跌，跌无可跌。

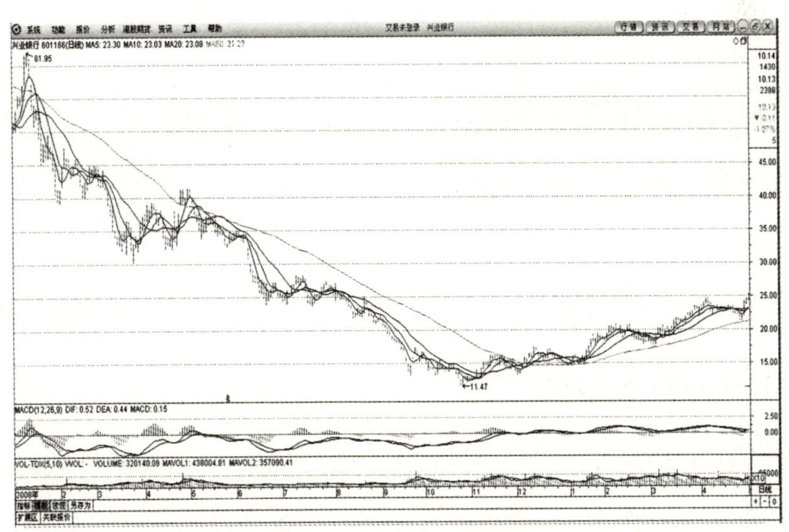


**图 5-8　兴业银行日 K 线图**

如图 5-8 所示，兴业银行（601166）2008 年每股业绩 2.80 元，相对 2009 年年初 14.00 左右的股价，只有 5 倍市盈率。

## （二）海量信贷资金的推动

为了应对因美国次贷危机引发的愈演愈烈的全球金融危机，2008 年第四季度，中国紧急出台 4 万亿元刺激经济的计划，外加信贷配套资金突击出台，导致中国广义货币量供应从 45 万亿元猛增到 60 万亿元。泛滥的货币供应必然会冲击中国的商品市场、资本市场等各个领域，引发大宗商品价格、楼市、股市的全面暴涨。

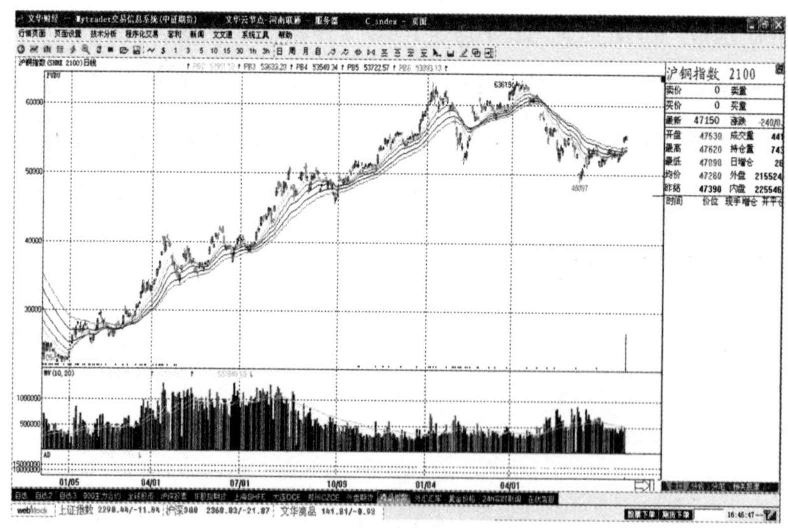


**图 5-9 沪铜指数日 K 线图**

如图 5-9 所示，在 2009 年，以铜价为代表的中国大宗商品价格出现暴涨。

## （三）年内最高点处送“桃”

由于大盘在 2009 年 3 月经历了较大的调整，改变了大盘指数的运行格局，直到 7 月才进入 3000 点一带的稳定态，比笔者原先的判断要晚很多。从时间上推算，如经历 3 个月横盘调整，已是年底，时间上年内已不足以再发动一波行情。此外，当时券商已主要将精力放在创业板上，因此，笔者断言 2009 年大盘在 8 月会出现年内高点，并在七八月多次提示风险。2009 年 8 月 3 日，在经过几天连续拉升后，上证综指顽强地创出新高，但已成强弩之末。当日

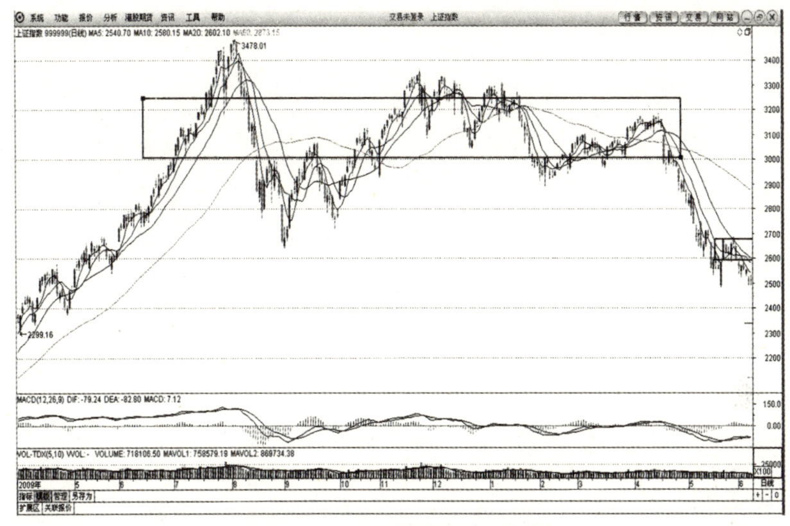

图 5-10　上证指数日 K 线图

中午，笔者特意购买桃送给身边的股友，“桃”者逃也[1]。当日听了笔者建议的股友，不仅逃在了该轮行情的最高点，而且逃在了 5 年大盘指数的最高点。

如图 5-10 所示，投资者在 2009 年 8 月 3 日离场，就几乎是卖在了上轮行情的最高点附近。

## 六、对 2010 年股市没有大行情的预见

在 2010 年 1 月，笔者就公开断言，“2010 年中国股市不会有大的（上涨）行情”，年内大盘指数将出现“头尾高、中间低”的行情特征。

2010 年中国股市不会有大的行情，这是由多种原因导致的。

### （一）2009 年股市涨幅过大，回调不可避免

2009 年，上证综指从 2008 年 10 月的 1664 点上扬至 3478 点，涨幅近

① 可参见：http://radony.blog.hexun.com/36001572_d.html。

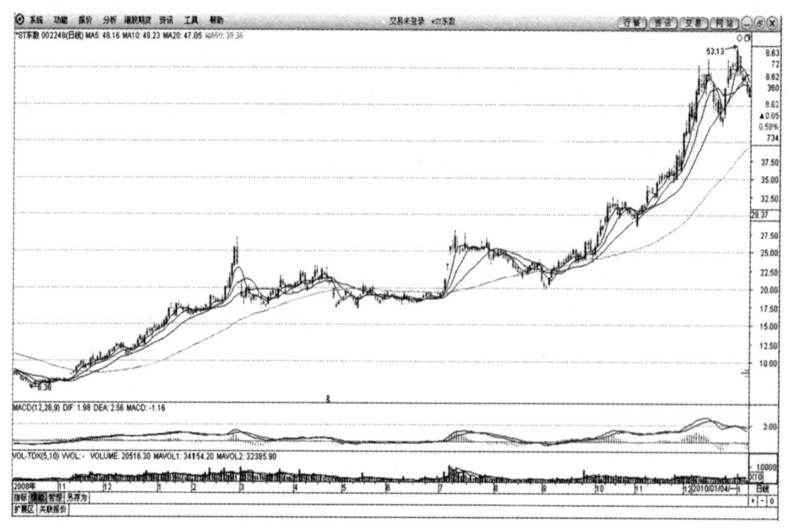

图 5-11　华东数控（002248）日 K 线图

110%；深证成指也从 5577 点低位上扬至 14000 点附近，涨幅达 180%。除了大盘指标股外，上涨两三倍的个股比比皆是，部分个股上涨更有 5~6 倍之多。但 2009 年股市上涨，更多的是由海量信贷资金推动的，而并非上市公司自身价值提升引发的牛市。因此，后市调整不可避免。

如图 5-11 所示，华东数控股价在 2009 年上涨超过 8 倍。

### （二）股指期货业务，为做空提供了可能

2010 年 4 月 16 日，中国股指期货 IF1005、IF1006、IF1009、IF1012 四个合约正式在中国金融交易所挂牌交易，这标志着中国股市正式进入股指期货时代。

中国推出股指期货合约，本意是为了进一步规范和完善中国的资本市场，引导投资者理性投资，防范股市的大起大落。但 2010 年 4 月推出的股指期货，却带来了管理层未曾预料到的两个后果。股市大户的大量参与，和主动性做空套利导致股市大跌。股指期货 50 万元的资金门槛，虽然将大量中小散户挡在门外，但是，还是吸引了资金在 200 万~1000 万元的股市大户大量参与。这正是股市里最活跃的那部分投资者，他们严重分流了股市资金。股指期货推出后，机构投资者在股指合约上建立空头，然后在股市上抛售股票来进行无风险套利。正是这种

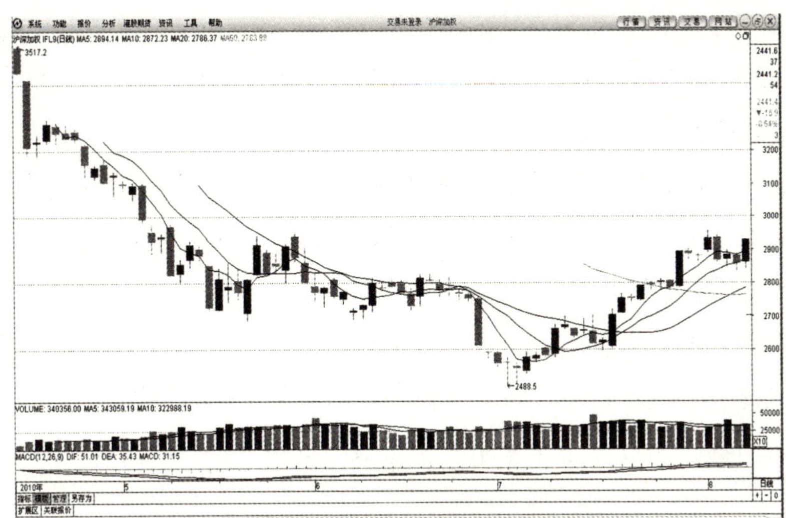

图 5-12 IF 加权日 K 线图

主动性做空套利机制的存在，导致了 2010 年上半年股市大跌。

## 七、对 2011 年股市行情特征的预言

对绝大多数投资者来说，2011 年又是不堪回首的一年。在 2011 年，中国 CPI 指数一路高歌猛进；但股市仅在年初出现一小波有限的反弹后，指数便逐波回落，一路下挫。笔者在年初就发出“2011 年股市呈前高后低的行情特征”的预言①。此外，笔者还成功判断出创业板大幅回落和本·拉登“被击毙”后大宗商品价格的大跌②。

### （一）2011 年股市行情特征前高后低

笔者之所以能成功预言 2011 年股市前高后低的行情特征，完全是成功运用股价稳定态理论的结果。笔者的预见来自如下分析：

① 可参见：http://radony.blog.hexun.com/68119159_d.html。

② 可参见 http://radony.blog.hexun.com/63958488_d.html。

首先，到2011年年初，上证指数在（3020，3180）点构筑了扎实的复杂稳定态，并且已横盘近一年半之久。上证指数要成功突破这个稳定态，必然要消耗很大的资金和较长的时间。

其次，在2011年，我国中央政府工作的重点是"控房价、防通胀"。这意味着我国政府会在2011年收紧银根。一旦银根收紧，缺乏足够资金的推动，那么，股市就不可能大幅上涨。

随着银根不断被收紧，必然造成部分实体经济失血，一方面会引发资金从金融市场流向实体经济，另一方面会导致企业更渴望直接融资。那么，平衡必然被打破，2011年下半年不可避免地会出现下跌，前高后低的行情就此形成。

事实也完全验证了笔者的判断，2011年股市低迷，成交量锐减，但大小非套现热情却高涨，企业的上市热情高烧不退，A股全年新增上市公司超300家。一方面是海量的股票上市交易，另一方面是资金的外逃，导致大盘弱势平衡被打破，最终导致A股无可奈何地破位下跌。

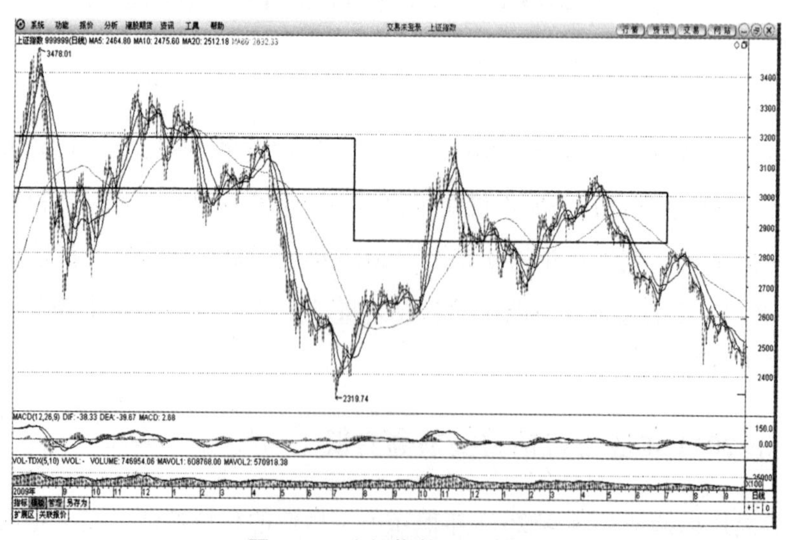

**图 5-13 上证指数日 K 线图**

如图5-13所示，在2011年年初，上证指数在（3020，3180）点构筑了扎实的复杂稳定态，低迷的大盘根本无力突破这一区间，最终在社会流动性收紧的打击下，破位向下。

## （二）虚高的创业板指数大幅回落

2011 年，我国创业板指数大跌，从高位下来被腰斩，远远超过上证指数、深证指数的跌幅。2011 年创业板指数大跌，早在笔者的预料当中，2011 年初时，笔者就在微博中指出虚高的创业板面临大考，后市创业板大跌已不可避免。

图 5-14　创业板指日 K 线图

图 5-14 清晰地显示，创业板指数在 2011 年大跌，与笔者年初判断的完全一样。

2011 年创业板指数大跌除了行情的原因，更多的是因我国创业板上市公司普遍存在的热衷超募、成长性不足、管理混乱等众多问题，相比而言，这些中小企业抗风险能力更低。但由于盘小，创业板个股还是受到游资的追捧炒作，导致股价虚高，有道是“涨时重势、跌时重质”。一旦银根收紧、经济滑坡，虚高的创业板首当其冲，股价不可避免地出现整体调整。

## （三）本·拉登“被击毙”后商品大跌

2001 年，还有一件事给全球资本市场带来了重大冲击。美国总统奥巴马于当地时间 2011 年 5 月 1 日宣布，本·拉登已被美国特种部队“击毙”。受此影响，全球大宗商品价格在“5·1”假期后全面大跌，银、原油、铜等众多工业原材料价格至今没有突破 2011 年 5 月 1 日前后的高点。笔者在得知本·拉登“被击毙”的第一时间，就断言“今后美元会逐步走强，大宗商品价格无可避免地出现回落”[①]。

图 5-15　伦敦银日 K 线图

图 5-15 清晰地显示，国际白银价格在本·拉登“被击毙”消息公布后即发生大暴跌。时至今日，国际银价未能突破 2011 年 5 月 1 日前的高点。

图 5-16　美元指数日 K 线图

① 可参见：http://radony.blog.hexun.com/63855948_d.html。

图 5-16 显示，美元指数在次日创出 72.696 低点后，开始不断走强，并导致除黄金被新兴国家央行买入导致上涨之外①，全球贵金属、金属、化工原料等价格全面下跌，两个月内跌幅普遍超过 20%。

笔者之所以能够成功判断出本·拉登“被击毙”会导致美元逐步走强、大宗商品价格出现回落，在于洞悉了市场运行的内在机理，并认为本·拉登死亡会对美国政策产生重大影响。本·拉登“被击毙”，表明美国历时 10 年的反恐战争最终获得决定性胜利，美国今后将转向解决国内问题，意味着美国阶段性对外扩张已告一段落，美国将会减少赤字。因此，今后国际资本将大幅回流美国，美元将逐步走强，而大宗商品价格自然无可避免地出现回落。

## 八、2012 年准确推断出大盘调整目标

针对 2012 年“跌跌不休”的股市，本轮运用股价稳定态理论，对大盘大底做了准确推断。

### （一）准确推算出调整的目标

早在 2012 年上半年，笔者就指出中国股市要调整到 8 月底后才有机会。基于不破不立的原则，影响最大的上证指数必将跌破年初的 2127 点，并不排除击穿 2000 点的可能性。此后，笔者在自己的财经博客和微博中，明文断言上证指数必将击穿 2000 点。

2011 年年底，上证指数快速下跌，在 2008 年年底（1880，1980）点的稳定态上方 2130 点附近获得有力支撑，并在 2012 年年初产生一波中级反弹。但是，从成交量等各方面来看，这波反弹的力度并不够大，不足以让大盘指数回归到原先高位的稳定态。2012 年 3 月 15 日，受突发的政局影响，大盘遭受大阴棒杀

① 可参见：http://radony.blog.hexun.com/66861802_d.html。

跌，市场做多热情遭受重创。笔者当时断言，上证指数 6 个月内不会突破 3 月 15 日的 2448 点高位。逆水行舟，不进则退，由于中国股市正处在持续的调整过程中，这决定了大盘指数必然在低位稳定态寻求支撑。因此，低位稳定态的位置直接决定了本轮调整的目标。

有一点毫无疑问，低位目标稳定态的点位必然与 2008 年年底在此附近形成的稳定态有关。始于 2007 年的美国次贷危机，最终演变为一场金融风暴，全面冲击了全球资本市场，并导致 2008 年全球经济深度恶化，各地股市大幅下挫，上证指数也一度暴跌至 1667 点，后定位在（1880，1980）点的稳定态内。与 2008 年相比，2012 年中国经济状况与内外环境要好很多，这决定了调整的目标稳定态必然高于 2008 年年底的稳定态。2012 年年初的中级反弹也说明，上证指数的调整目标稳定态就在此附近。基于不破不立原则，笔者认为，上证指数最终会击穿 2000 点整数关，但不会有效击破。

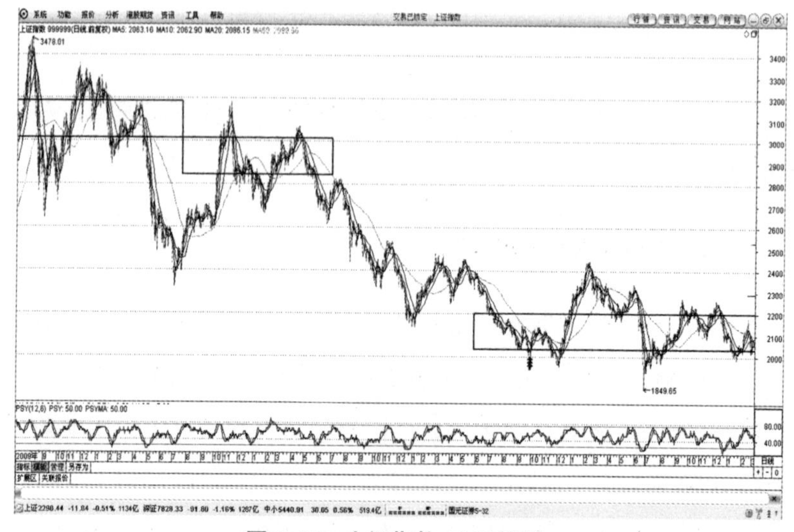


图 5-17　上证指数 日 K 线图

图 5-17 显示，上证指数最终进入（2020，2200）点稳定态内做日常波动，与笔者年初预测调整的目标非常一致。

### （二）准确推算本轮调整的时间

受持续的宏观调控影响，2012 年年初开始，我国经济指标出现明显回调，上市公司业绩也呈现负面影响。这引发财经人士对我国经济是否会出现硬着陆的严重担忧与分歧，导致投资者观望情绪严重，并迫切需要重新评估中国股市的投资价值。2012 年 8 月底，上市公司 2012 年上半年度财务报表公布完成，市场有足够数据重新评估中国股市的投资价值与投资机会。

在 2012 年下半年，还有一件深度影响我国政治、经济、社会的大事发生，那就是举世瞩目的中国共产党第十八次全国代表大会在北京召开。在此之前，管理层必然不希望股市下跌，会采取各种措施，努力维持股市的稳定。事实确如笔者所料，2012 年 9 月底，一份关于证监会要求各家券商做好股市维稳的通知在各大财经网站被广为流传（见图 5–18）。

**证监系统下达维稳令　让券商寻找股市上涨理由**

http://www.sina.com.cn 2012年09月06日 06:39 东方早报

**证监会历次“维稳”会议后市场表现**

| 会议召开时间 | 会议召开背景 | 股市表现 |
| --- | --- | --- |
| 2008年4月7日 | 改革开放30周年，北京奥运会举办年。资本市场作为公众投资场所，在社会稳定与和谐方面负有重大责任。 | 会议召开当日，沪指上涨4.45%报3599.62点，之后指数震荡盘升至3786.03点。 |
| 2009年8月28日 | 国庆六十周年在即，上市公司风险防范和维稳工作任务艰巨。 | 会议召开当日，沪指下跌2.91%报2860.69点，在第二天继续大跌6.74%后，进入阶段性底部，随后指数一路上扬。 |

来源：证监会网站

**图 5–18　证监系统下达维稳令**

图 5–18 为证监会要求各家券商做好股市维稳通知的截图。

综合上述分析，我们不难推断出中国股市会在 2012 年 8 月底至中国共产党第十八次全国代表大会召开前见底。

# 九、大牛市在 2014 年正式全面启动

早在 2014 年年初，笔者就给身边的投资者不断打气，灌输“超级大牛市今年必定启动”，“股指期货将会出现千点行情”①等观点。2014 年 5 月 21 日，大牛市在习近平总书记发表题为《积极树立亚洲安全观共创安全合作新局面》的主旨讲话声中正式启动。笔者在第一时间内做出反应并明确指出：牛市号角已吹响，大盘将出现持续上涨。面对迷茫的投资者，笔者在 2014 年 9 月发文指出，大牛市源自强大的国家意志，行情的力度和幅度将是空前和惊人的②。截至 2014 年 12 月 5 日，笔者年初的预测已提前全面实现。

## （一）年初即断言会有千点行情

早在 2014 年 2 月底，面对低迷的主板市场，笔者运用股价稳定态理论，强烈地预感到中国股市正酝酿一轮大行情。根据笔者多年的习惯，基于谨慎乐观的原则，在 2014 年年初对中国股市行情做了如下相对保守的预测和判断：

（1）创业板大牛市将会终结；

（2）股指期货酝酿千点行情；

（3）上证指数将会大幅爬升。

为了帮助更多的投资者，笔者制作了相应的幻灯片，并于 2014 年 3 月 5 日发布到微博上（见图 5-19 和图 5-20）。

截至 2014 年 12 月 31 日收盘，IF 股指期货加权从年内的 2041.6 点上涨到 3627.0 点，上涨了 1585 点，涨幅 77.6%；上证指数也从 1974.38 点上涨到 3239.36 点，大涨 1265 点，涨幅 65%；创业板指数收报 1471 点，而在 2014 年 2 月底笔者发布预测时，创业板指数在 1500 点附近，创业板虽然在 2014 年年底火

① 可参见：http://weibo.com/ 2982501642/。

② 可参见：http://blog.sina.com.cn/s/blog_b1c55d0a0101r15o.html。

爆的行情中反弹出现新高，但全年基本上处于高位调整之中，在 2014 年，曾经火爆的创业板大牛市已终结。

可以说，笔者 2014 年年初的三大预测，已全面实现。

图 5-23、图 5-24 显示笔者早在 2014 年 3 月初就对 2014 年行情作了惊人预测。

2014股市大猜想1

收起 | 查看大图 | 向左旋转 | 向右旋转

猜想1　创业板大牛市终结

再持续炒作风险大：
• 新股大量上市，供求被打破；
• 部分大盘股开始独立走强；
• 新坐庄模式强烈自我反噬；
• 股价过高，估值到位。

结论：
创业板风光不在，只有个股机会，最近新股的炒作只是末日狂奔，而不是行情的延续。

@股市愚言家
weibo.com/u/2982501642

3月5日 15:46 来自 360安全浏览器

图 5-19　笔者新浪微博截图

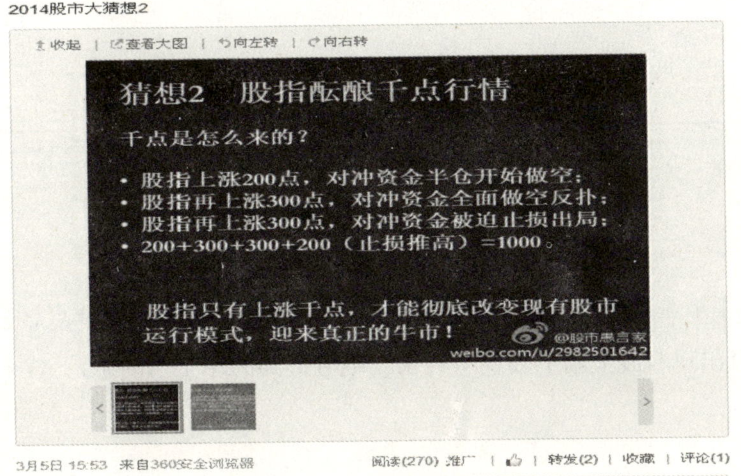


图 5-20　笔者新浪微博截图

图 5-21 航天军工指数日 K 线图

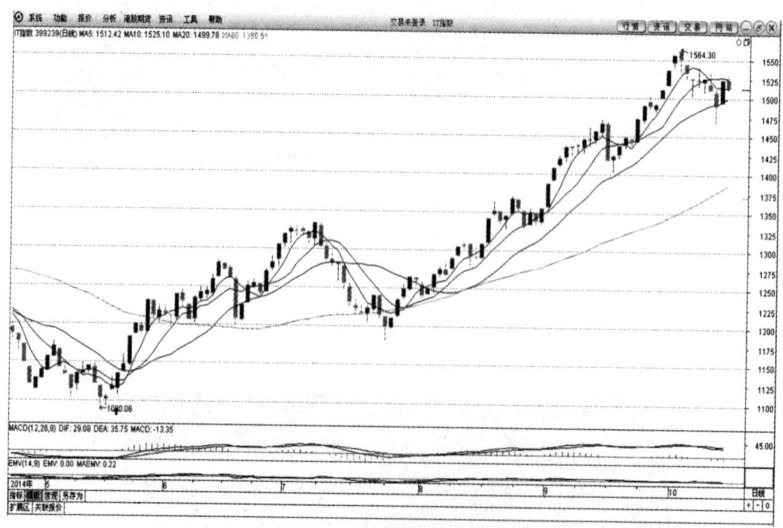

图 5-22 IT 指数日 K 线图

从 2014 年 5 月 21 日以后，影响最大的上证指数再未破 2000 点，并在 7 月中旬和 9 月出现两波大幅上攻逼空行情。笔者提到的军工（防恐）、IT 行业个股表现惊人。

## （二）精确推算出大盘启动时间

笔者根据多年形成的市场敏锐直觉，凭借 2014 年 5 月 21 日盘中发生逆转的走势，认为新一轮牛市已经启动。但是，接下来近两个月内，股市的走势却令人大跌眼镜，市场交投惨淡，上证指数勉强维持在 2000 点上方做窄幅波动。有不少投资者对笔者的判断提出质疑。真的是笔者的判断错了吗？笔者也曾这样问自己。

经过静心的思索，笔者认为当前（2014 年 5 月底至 7 月中旬）股市低迷，主要是受到 2013 年 6 月底大盘因社会流动性骤然收紧而导致股市暴跌的影响，并指出只要上证指数能维持在 2000 点上方，熬过 2014 年 6 月底，中国股市很快会迎来转机。2014 年 7 月 20 日，笔者断言："等 IF1407 合约空头下周一回补后，大盘很可能在下周二（2014 年 5 月 22 日）、下周三（2014 年 5 月 23 日）启动。"大盘果然在 2014 年 5 月 22 日大涨，行情正式启动。几天后，笔者兴奋地将 QQ 签名改成"13 年创业板大牛市，14 年主板超级大牛市启动。错过 13，再错过 14，就是错过一辈子"。

**图 5-23　笔者 QQ 签名**

图 5-23 显示，经过慎重考虑，笔者在 2014 年 7 月 26 日已彻底改变原来对

中国股市悲观的看法，而转为非常积极乐观。

### （三）超级大牛市

2014年8月31日至2014年9月4日的4天时间里，新华社连续发九文力挺中国股市。

8月31日发文：

新华社：中国需要“有质量的牛市”

9月1日发三文：

新华社：搞活股市对推进转型升级至关重要

新华社：牛熊争辩下的中国股市将向何方

新华社：股市存“五大争议”难题亟待破解

9月2日发四文：

新华社：坚定市场化改革方向搞好搞活股市

新华社：股市近期缘何上涨

新华社：如何搅活股市一潭春水

新华社专访邓舸：稳定市场预期 提振市场信心

9月4日发文：

新华社：买矿炒房理财资金跑步入场

受此影响，在短短6个交易日内，中国股市量价齐升，上证指数从2193点一路上涨到2326点，上涨了133点，涨幅超过6%，一举突破近期在2210点附近的胶着盘整格局，日成交量也从930亿元增加到1876亿元。

让我们抛开其他因素，单纯就大盘走势讨论这个问题。以影响最大的上证指数为例，经过7月中旬的快速反弹，上证指数从2000点附近上攻到2220点一带，截至8月底，已在2220点横盘1个多月，后市必然面临选择突破方向的问题。上证指数2220点具有非常特别且重要的意义，根据股价稳定态理论，如图5-24所示，上证指数2220点是上证指数（2020，2220）点超级稳定态的上轨。如果不能突破，则会回落到该稳定态内。

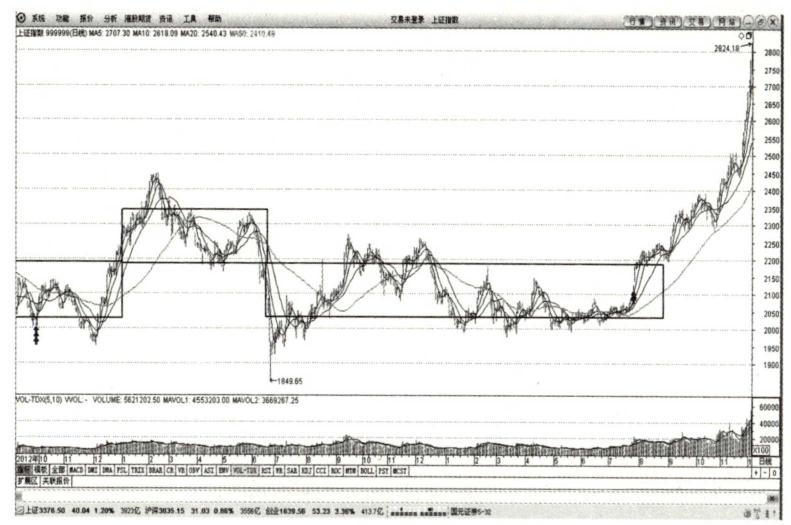


**图 5-24　上证指数日 K 线图**

图 5-24 显示，上证指数 2220 点是上证指数（2020，2220）点超级稳定态的上轨，有效突破 2200 点的意义非同寻常。

与此同时，由于全球经济的持续低迷，加剧了世界多处地缘政治局势的紧张与动荡，乌克兰、伊拉克、叙利亚等地硝烟四起、战火纷飞，导致全球资本涌入美国避险，推动美元走强、美股一路走高，并带动中国跟风流出 2200 亿美元。

从图 5-25 中不难看出，在 2014 年 8 月中旬，美元走势出现加速上涨趋势，而中国股市同步出现缩量回调走势，如果趋势一旦形成，中国股市新行情再度夭折自不用说，将会导致更多的美元流出，加剧国内政治、经济、社会不稳定因素。而中国正处于经济结构调整和深化改革的攻坚阶段，必须依靠繁荣的资本市场、稳定的社会环境才能实现。

图 5-25 显示，2014 年 8 月中旬，美元走势出现加速上涨趋势。

因此，中国股市必须要有波大牛市，且大牛市的空间和力度将远超很多人的想象，这是国家的意志和需要。

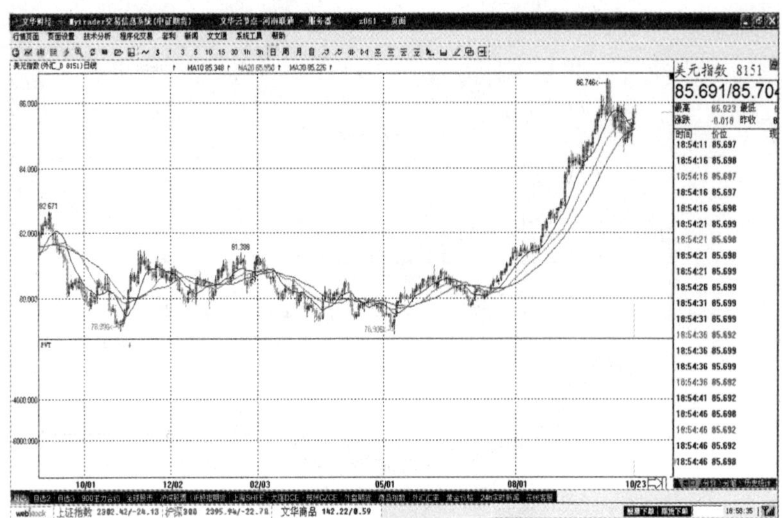


图 5–25　美元指数日 K 线图

# 第六章　中国股市后市展望

早在2012年年底，本人就一直对身边做股票的朋友说，中国股市正酝酿一轮超级大牛市；2014年年初，在市场最低迷时，笔者曾断言年内股指期货将出现千点大行情，2014年12月5日，笔者年初的三大预言已提前全面实现。

面对强劲的逼空行情，疯涨的大盘指数，很多投资者又陷入新的迷茫，不知道行情会如何演变发展，个股机会在哪里。以下就大家关心的中国股市后市如何发展演变，结合股价稳定态理论，浅谈一下笔者的看法。所有看法均不构成投资建议。如照此操作，风险收益敬请自负！

## 一、中国已具备大牛市基础

早在2012年年底，笔者就认为当前中国股市在酝酿一轮新的上涨行情，这并非一厢情愿的空中楼阁，而是基于股市被低估的现实，以及对社会资金走向的预期等多个角度的判读得出的结论。

从历史上看，任何一国股市要走出一轮大牛市，必须同时具备内外两方面因素。内在因素：市场整体被低估，经济结构健康稳步发展；外部因素：社会资金面相对宽松，投资者做多意愿强烈。此外，还需要国家社会安定，政府的强力推动与支持也必不可少。

从目前来看，股市走牛的内外两方面因素已基本具备，中国股市会在政府强力推动与支持下，演变为一轮大牛市。

## （一）A 股内在价值达 6000 点，被严重低估

为了更直观地衡量中国股市的内在投资价值，我们引入中国股市价值中枢线这一概念。中国股市价值中枢线是用来衡量中国股市内在投资价值的一条长期趋势线[①]。一旦上证综指只有中国股市价值中枢线的一半左右，那么此时会有很多个股股价被严重低估，会吸引大量长线投资资金参与，并在此成功构筑历史性大底，并引发新一轮行情。

历史上，这种情况多次出现：

（1）2005 年 5 月，中国股市价值中枢线在上证综指 1800 点处运行，而当时上证综指只有 1000 点，被低估 40%，从而引发 2005~2007 年的大牛市。

（2）2008 年 10 月，受全球金融危机影响，上证综指被打压至 1664 点，而中国股市价值中枢线则在上证综指 3800 点一带，被低估 50%多，从而引发 2009 年上半年的指数翻倍行情。

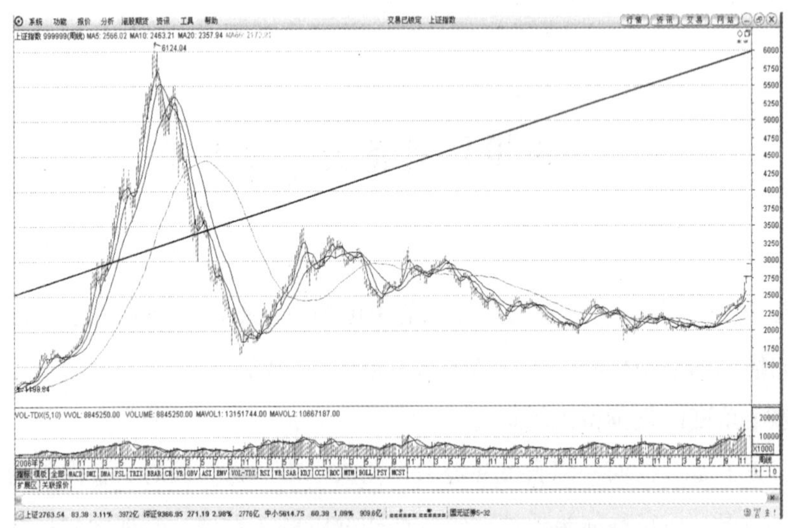

图 6-1　上证指数周 K 线与价值中枢线示意图

如图 6-1 所示，当前上证综指虽然大涨至 2800 点附近，但此时中国股市价

① 关于中国股市价值中枢线，参见本书第五章。

值中枢线已超 6000 点，因此，中国股市依然被严重低估，在二级市场上，低于 10 倍市盈率的大盘蓝筹股比比皆是。

不可否认，当前中国经济遇到很多麻烦，发展势头有所放缓。但这是全球性的问题，即使中国经济增长速度减缓至 5%~6%，依然是全球发展最快的经济体。随着改革的深入和经济结构调整的加快，中国经济不久会走出发展的低谷，并进入新一轮高速增长期。被严重低估的股市、快速发展的国民经济，足以支撑大盘上涨到更高的稳定态。

## （二）宏观调控结束，社会资金供给趋于宽松

为了有效地控制愈演愈烈的通货膨胀，2011 年，我国央行积极采取各种措施，回笼货币。经过不断上调存款准备金率，我国央行成功冻结住数万亿的居民存款，初步解决了流通领域货币泛滥的问题，物价上涨势头得到有效遏制。但是，任何政策都是把“双刃剑”，社会流通货币供应不足，不仅抑制股市上行，也造成中小企业融资困难，并在温州、鄂尔多斯等局部地区产生金融风暴，引发一系列破产潮①。

中小企业破产频发，不仅会导致我国内需不足，也会成为局部社会的不稳定因素。因此，对我国政府来说，银根紧缩是万不得已的下下策，一旦物价调控的目的基本达成，宏观调控就会随之终结，货币供给自然会全面改善。2011 年 11 月，宏观调控基本已实现目标。我国央行随即宣布自 2011 年 12 月 5 日下调存款准备金率 0.5 个百分点②，释放出明显的松动银根信号。此后，2012 年 2 月 24 日、2012 年 5 月 18 日各下调存款准备金率 0.5 个百分点；并在 2012 年 6 月 8 日起下调一年期贷款基准利率 0.25 个百分点、从 2012 年 7 月 6 日起下调一年期贷款基准利率 0.31 个百分点。存款准备金率与贷款利率的下调都表明，我国的货币政策已逐步发生全面转向，实施相对合理、健康甚至宽松的货币政策。到 2014 年中期，“保增长”成为政府工作重中之重，这决定了中国今后几年内货币政策将会非常宽松。

---

① 可参见：http://finance.eastmoney.com/news/1366，20110930166689355_2.html。

② 可参见：http://finance.eastmoney.com/news/1345，20111130179633639.html。

在宽松的货币政策与资本逐利性的驱使下，庞大的社会游资必然会寻找新的投资渠道。当前中国以房价为代表的资产价格、以铜铁为代表的原材料价格、以金银为代表的原贵金属价格都处在历史高位。因此，被低估的股市，自然会成为社会游资袭击的新目标，并推动中国股市一路走高。

## （三）投资者积极做多，社会资金涌入股市

2014 年 7 月大盘发动上攻以来，随着大盘指数上涨，社会资金大量涌入股市，推动指数节节攀升。在股市强大的赚钱效应示范下，又吸引了更多的场外资金进来，进一步推动股市上涨。在这样的良性循环下，沪深两市成交量出现井喷，短短几个月内，急剧上涨 10 多倍。2014 年 12 月 3 日，沪深两市单日成交金额一举突破 9000 亿元，12 月 5 日突破 10000 亿元，创下全球股市有史以来的最高纪录。伴随沪深两市成交量不断增长的同时，投资者投资热情全面被点燃，各路资金疯狂涌进股市。投资者融资融券余额也从年初的不足 1000 亿元暴涨至 9000 多亿元。

沪市 1994 年成交总金额 5759 亿元，1995 年成交总金额 3107 亿元，1996 年成交总金额 9492 亿元，1997 年成交总金额 13989 亿元。也就是说，目前沪深两市一天的成交金额已接近 1996 年沪市一年的总成交金额。高昂的投资热情，会把大盘指数推向更高的稳定态内。

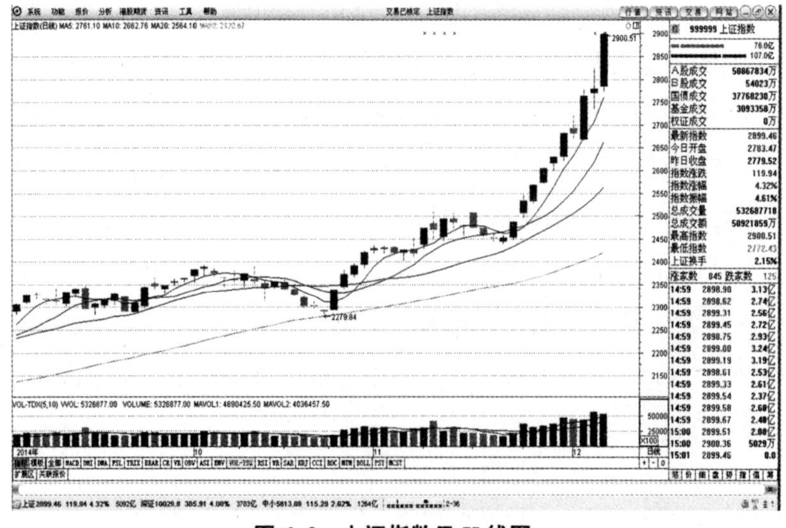


**图 6-2　上证指数日 K 线图**

图 6–2 显示，自 2014 年 7 月后，中国股市成交量出现井喷式增长。

### （四）股市上涨，受到中央政府精心呵护

与以往牛市不同，此轮股市上涨，一直受到政府的精心呵护和积极推动。

2014 年 8 月底，上证指数在 2200 点一带盘步不前时，新华社连发九篇社论力挺中国股市。中金所宣布下调股指期货保证金，股指期货多空平衡偏向多方，在股指期货上涨的带动下，大盘指数再度发起一轮逼空行情。

2014 年 11 月中旬，被市场寄予厚望的沪港通正式推出，效果差强人意，上证指数再次受阻于 2500 点。此时央行果断降息，中国股市掀起一轮井喷式上涨。

此外，政府还在积极推出注册制、严打内幕交易，并在证券领域反腐等，力图从制度上、体制上保障中国股市的长远发展，坚定投资者的长期投资信心。

我们认为，本轮大牛市有特殊的时代背景。世界正掀起新一轮工业化革命，中国必须迎头赶上。但国内却是一方面货币超发，另一方面企业融资困难，因此，充分运用资本市场，推动企业融资从间接融资向直接融资转变，是解决当前经济困境的最好途径。因此，本轮大牛市自然得到中国政府各方面的大力支持。

毫无疑问，中国股市会在政府的支持下，走得更远。中国股市或迎来真正意义上的大牛市！

### （五）“强制分红”政策，带来投资理念变革

2011 年 10 月底，郭树清出任中国证监会主席，积极着手制定要求新上市公司明确分红承诺的政策，这被市场解读为对上市公司实施“强制分红”政策。“强制分红”政策，将从根本上有利于解决目前我国股票市场投资者严重缺位的现状。

由于长期的历史、政策等原因，中国股市一直存在“重融资、轻回报”的症结。上市公司热衷于圈钱融资，即使盈利丰厚，也不愿意向股东分派红利、回报股东。中国股市甚至陷入这样的怪圈：上市公司亏损，自然无法回报投资者；上市公司盈利丰厚，则推出新融资方案，股东不仅没回报，还要另外掏钱给上市公司。长此以往，造成我国股票市场投资者严重缺位，无法树立长期投资理

念。大多数投资者很少关注上市公司经营状况，而是热衷于对题材股的追逐与炒作。

证监会提出两大措施：一是进一步加强对上市公司利润分配决策过程和执行情况的监管。监管机构对分红问题应做出全面和重点的检查、监督，对不当行为和不合理情形，要严肃予以处理。二是从首次公开发行股票的公司开始，在公司招股说明书中细化回报规划、分红政策和分红计划，并作为重大事项加以提示，提升分红事项的透明度。证监会同时对上市公司董事会和股东大会处理分红事务提出明确指导意见，强调“红利分配的政策确定后，不得随意调整而导致降低对股东的回报水平”。[①]这些政策如果落到实处，那么，对中国证券市场的影响将是深远的，不亚于新一轮股改。

虽然，郭树清出任中国证监会主席的时间相对短暂，但他主张强制分红、回报股东的理念获得市场广泛认可，影响也是深远的。强制分红、回报股东理念将会推动中国证券市场建立留住长期投资资金的长效机制，形成注重回报的长期投资理念，吸引到长期投资资金积极入市，推动股市不断走高。

## 二、新神话：沪深 300 指数或见 18000 点

2014 年中秋之夜，杭州某高端写字楼内，笔者与两友闲聊股市。

此时，上证指数正在 2200 点盘横。笔者戏言道：“三五年后，我们再回头看中国股市。上证指数或直接在目前点位的前面加‘1’或后面加‘0’，即涨到 12200 点或 22000 点。”

以上两数字完全是笔者戏言，但也是有预感的两个数字。即在本轮大牛市中，上证指数最低目标是 12200 点，极限高度是 22000 点。笔者认为，最可能的是沪深 300 指数会见到 18000 点。

---

① 可参见 http://finance.eastmoney.com/news/1353，20111114176017731.html。

笔者的预测基于以下几个原因。

## （一）中国股市估值合理回归

到 2018 年，中国股市价值中枢线会运行到 7500 点一带。依据上轮行情，在行情火爆时，指数可到价值中枢线两倍附近。因此，届时上证综指或见到 15000 点，而与之同步的沪深 300 指数可至 17000 点附近，距 18000 点仅一步之遥。

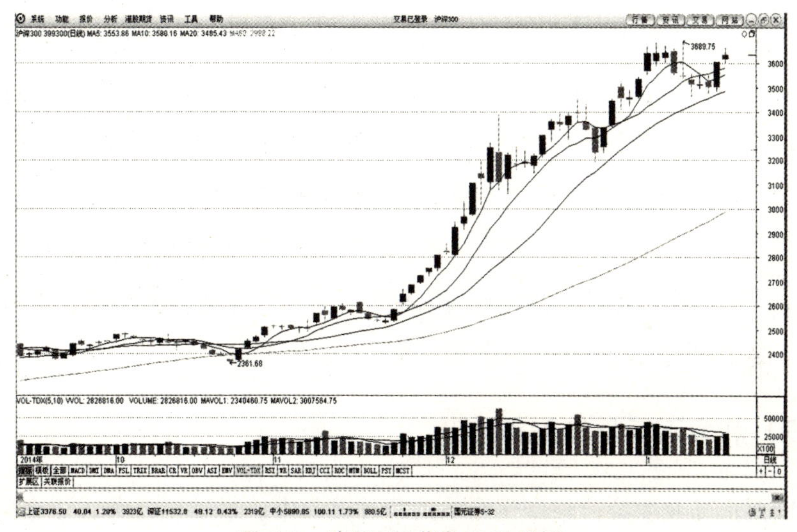

**图 6–3　沪深 300 指数日 K 线图**

图 6–3 显示，沪深 300 指数比上证综指高约 10%。

## （二）深化改革提升公司估值

由于历史等原因，我国税收制度建设一直远远落后于国民经济发展进程，存在税种繁多、重复征税严重、设置不够合理等诸多问题，造成企业与个人税负沉重。2011 年，政府的税收收入为 8.97 万亿元，同比增长 22.6%，而我国同期 GDP 的增长速度为 9.2%，税收的增长速度超过 GDP 的两倍[①]。学界主流观点中"确定减税为今后税制改革目标"的呼声再次浮出水面，并得到民间的极大关注

① 可参见：http://finance.sina.com.cn/china/20120515/155712069467.shtml。

和推动。

不合理的税收制度与沉重的税负，已严重制约企业的发展与居民的消费，进而危及企业的创新精神和中国经济可持续发展的能力，一直饱受有志之士的指责。在学界的呼声与民间的推动下，"确定减税为今后税制改革的目标"应会成为税收制度改革的方向。2011 年 9 月，新的《中华人民共和国个人所得税法》将个税起征点上调至 3500 元，拉开我国减税的序幕。我国今后的税负有望逐步降低。

减税能够变相提高上市公司的估值，对上市公司的影响将是深远的。假如上市公司的所得税从目前的 33%降为 20%，那么，上市公司的税后利润则会提高近 20%。此外，我国向实施现金分红的个人投资者征收红利税存在重复征税的问题[①]；一旦 10%红利税取消，投资者的投资收益将直接提高 11%。上市公司的估值也变相地提高了 11%。因此，我国的减税政策与减税预期，会对证券市场产生重大影响，所带来的估值重置与大幅提升，会改变股市运行的轨迹，推动大盘上涨，甚至使大盘跃入更高位的稳定态。

### （三）利率下行反推股市上升

对股票市场及股票价格产生影响的种种因素中，最敏锐者莫过于金融因素。在金融因素中，利率水准的变动对股市行情的影响又最为直接和迅速。一般来说，利率下降时，股票的价格就会上涨；利率上升时，股票的价格就会下跌。利率与股市存在的负相关性，这是由股市的估值机制决定的。

1. 利率：股市价值的倍增器

根据现金流折现模型，股票价值的公式可以表述如下：

$$P_0 = \frac{P_1}{1+r_1} + \frac{P_2}{(1+r_1)(1+r_2)} + \cdots + \frac{P_n}{(1+r_1)(1+r_2)\cdots(1+r_n)}$$

其中：$P_0$ 为现值；$P_n$ 为未来第 n 期的自由现金流；r 为自由现金流的折现率（资本成本），可用利率表示。

① 可参见：http://finance.eastmoney.com/news/1344，20120613210826244.html。

从以上公式可知，股市的内在价值与当前利率成负相关。

从以上公式也不难看出，即使公司经营状况没有变化，如果利率走低，股市内在价值会出现变相提升，会推动股指走高；如果利率走高，股市内在价值会出现相对降低，会导致股指走低。此外，利率走低，会降低企业的财务成本，有利于提高上市公司业绩。可以说，利率是股市价值的倍增器。

在我国，中国人民银行基准利率的大幅变动，曾经多次导致股市的大起大落。1996~2001 年，中国人民银行连续 10 余次下调基准利率，在上市公司经营业绩并未明显提高的情况下，上证综指还是从 512 点上涨到 2245 点。为防止热钱涌入和通货膨胀，2005 年以来，中国人民银行多次上调基准利率，最终导致股市在 2007 年拐头向下，大幅下跌。国外成熟股市也有类似的情况，为了应对次贷危机引发的全球金融危机，美联储 2009 年年初史无前例地实行“0 利率”，美国股市随即止跌回升，并走出 6 年的大牛市，道·琼斯指数从 6500 多点上涨至现在的 18000 点附近。

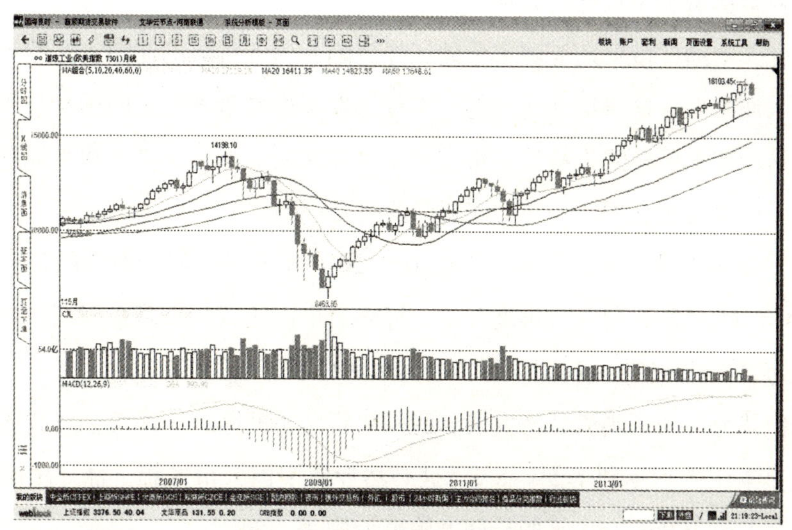


**图 6–4　道·琼斯指数日 K 线图**

图 6–4 显示，美联储 2009 年年初史无前例地实行“0 利率”，最终导致道·琼斯指数从 6500 点上涨至现在的 18000 点附近。

2. 中国必将迎来低利率时期

为了有效控制通货膨胀，2009 年以来，我国央行不断提高存款准备金率，导致中小企业密集的江浙、广东等地出现严重的“钱荒”；中小企业转向社会融资，将民间借贷利率推高到 30%左右。这意味着我国实际借贷成本保守估计将超过 20%。如此高的资金借贷成本，远远超过很多传统中小企业生产利润，引发中小企业破产潮。2014 年，我国 GDP 年均增长回落到 7%，这决定了社会依然无法维持这么高的资金借贷成本。因此，我国借贷利率今后必然走低。

经过屡次上调存款准备金率与加息，截至 2011 年 8 月 31 日，1 年期贷款基准利率高达 6.56%，而美国继续维持“0 利率”；而存款准备金率更是高达 21%，处在历史最高水平。我国央行推行多年的银根紧缩政策，解决了流通领域货币泛滥的问题，物价上涨势头得到有效遏制，但同时也造成社会货币供应不足、中小企业融资困难、破产事件频频发生等各种负面影响。因此，我国央行实施的银根紧缩政策迟早会终结，货币投放量会得到全面改善。那么，一旦资金面得到全面改善，社会借贷利率自然会大幅下行。

此外，欧洲、俄罗斯等国家和地区经济陷入债务危机的泥潭，必然导致全球经济步入调整期。这将给外向型的中国经济发展模式带来严重的困难与挑战，中国经济结构与发展模式将被迫发生全面调整和转变。将资金借贷成本降到相对低的位置，则是实现我国经济转型成功的前提之一。

为了确保经济增长，我国央行被迫在 2012 年 6 月实施不对等降息。两年后的 2014 年 11 月，我国央行再度降息，标志着中国正式步入降息周期。很多经济学家认为，在 2015 年，我国央行将会多次降息和降准。①

我们认为，为了刺激经济发展，我国央行会不断降息，最终会将我国社会资金借贷成本压低到年利率 5%~8%。这必然导致中国股市大幅上涨。中国股市有可能再度上演 1996~2001 年的长期大牛市走势。

① 可参见：http://bank.eastmoney.com/news/1174，20150115468011964.html。

## （四）新理论对新行情的预判

笔者运用股价稳定态理论，就投资者普遍关心的中国股市后市如何发展演变，浅谈拙见。以下所有看法，均不构成投资建议。笔者的判断基于我国经济依然能保持较快的增长，以及市场利率下行等前提。

总的来说，稳定态决定了后市行情演变。根据股价稳定态理论，大盘指数也存在稳定态，也是从一个稳定态运行到另一个稳定态。因此，预先寻找到大盘指数稳定态，就相当于提前把握了行情发展轨迹。我们认为，在下一轮大牛市中，上证指数很可能按如下的几个阶段逐步演变。

（1）上证指数上行过程中，目前已进入（3020，3180）点稳定态。由于上证指数从 2009 年 8 月至 2011 年 6 月一直在此稳定态内运行，上证指数再次在此稳定态内运行的形态将会非常复杂，运行的时间或许要超过半年。

（2）在不断涌入的长线投资资金推动下，上证指数会在 4500 点一带再次出现稳定态。这个稳定态的出现，很大程度上是因抄底资金开始全面撤离形成的。此后，股市行情改由长线资金主导。

（3）中国股市出现的估值恢复上涨行情，将会吸引各种投资资金的热情参与，一直推动 A 股进入合理估值区域。上证指数相应地会创出新高，并在 6700 点一带出现稳定态，这个稳定态区域相当接近 A 股的合理估值。

（4）中国股市的大幅上涨将会重燃国民的投资热情，社会游资、投机资金广泛参与其中。在这些功利性极强的投机资金推动与各种题材的配合下，上证指数很有可能攻击 10500 点、15000 点一带的稳定态；对应的沪深 300 指数则会上涨到 18000 点，甚至更高。

至于自那之后，中国股市行情如何演变，非笔者目前所能预测，亦非本书讨论的内容。

# 参考文献

[1] 曾仕强. 易经的奥秘 [M]. 西安：陕西师范大学出版社，2009.

[2] 老子[M]. 李秋丽译注. 济南：山东画报出版社，2012.

[3] [美]罗伯特·吉本斯 . 博弈论基础 [M]. 高峰译. 北京：中国社会科学出版社，1999.

[4] 缪铨生. 概率与统计 [M]. 上海：华东师范大学出版社，2007.

[5] 施华，王娟. 中学化学 [M]. 上海：上海教育出版社，2012.

[6] 曹瑞军. 大学化学 [M]. 北京：高等教育出版社，2010.

[7] 证券业从业人员资格考试专家组. 证券市场基础知识 [M]. 北京：中国金融出版社，2013.

[8] 陆剑清. 投资行为学 [M]. 北京：清华大学出版社，2012.

[9] [法] 古斯塔夫·勒庞. 大众心理学 [M]. 冯克利译. 北京：中央编译出版社，2005.

[10] [美] 约翰·R.诺夫辛格. 投资心理学 [M]. 郑磊译. 北京：机械工业出版社，2013.

[11] [美]乔治·索罗斯. 开放社会 [M]. 王宇译. 北京：商务印书馆，2001.

[12] [美] 普林格. 技术分析 [M]. 笃恒，王茜译. 北京：机械工业出版社，2011.

[13] [美] 爱德华兹，[美] 迈吉，[美] 巴塞蒂. 股票趋势技术分析 [M]. 郑学勤，朱玉辰译. 北京：机械工业出版社，2010.

[14] 周懿. 股指期货入门与技巧 [M]. 北京：企业管理出版社，2007.

[15] 育青. 股指期货基础知识与操盘技巧 [M]. 北京：地震出版社，2012.

[16] 新华网. www.xinhuanet.com.

[17] 上官炜栋. 和迅博客：radony.blog.hexun.com.

[18] 上官炜栋. 新浪微博：http：//weibo.com/2982501642.

[19] 和迅财经网. www.hexun.com.

[20] 新浪网. www.sina.com.cn.